奥地利学派经济学经典译丛

资本与生产

[奥地利]里夏德·冯·施特里格尔(Richard von Strig) 著
詹 江 沈 路 译
晓 涵 蒲定东 校

上海财经大学出版社

图书在版编目(CIP)数据

资本与生产/(奥)里夏德·冯·施特里格尔(Richard von Strigl)著;詹江,沈路译.—上海:上海财经大学出版社,2020.6
(奥地利学派经济学经典译丛)
书名原文:Capital & Production(Copytight 2000)
ISBN 978-7-5642-3482-9/F·3482

Ⅰ.①资… Ⅱ.①里…②詹…③沈… Ⅲ.①奥地利学派-经济学-研究 Ⅳ.①F091.343

中国版本图书馆 CIP 数据核字(2020)第 023851 号

□责任编辑 吴晓群
□封面设计 张克瑶

资本与生产

[奥地利] 里夏德·冯·施特里格尔(Richard von Strigl) 著
詹 江 沈 路 译
晓 涵 蒲定东 校

上海财经大学出版社出版发行
(上海市中山北一路 369 号 邮编 200083)
网 址:http://www.sufep.com
电子邮箱:webmaster @ sufep.com
全国新华书店经销
上海华教印务有限公司印刷装订
2020 年 6 月第 1 版 2020 年 6 月第 1 次印刷

710mm×960mm 1/16 11 印张(插页:2) 153 千字
定价:55.00 元

图字：09－2020－413号

Capital and Production

Richard von Strigl

总　序
——“人的行动”的经济学

奥地利学派经济学的理论体系非常丰富，涵盖了方法论、经济理论、政治哲学等诸多领域，它既有理论，也有政策，是真正的跨学科。也许正是由于其理论体系的丰富性，不少人会产生这样一种印象，即奥地利学派经济学是支离破碎的，各个理论相互之间缺少关联。为了纠正这种不正确的看法，本文将以这套丛书的主要主题，即利息、时间、资本理论与商业周期理论为例，说明奥地利学派经济学的整体性。把奥地利学派经济学的各种具体理论一环一环扣在一起的是“人的行动”思想，“人的行动”贯穿了奥地利学派经济学的整个理论体系，它不仅是奥地利学派理论体系的基础，而且是奥地利学派经济学区别于其他经济学派的独特之处。

一、“人的行动”贯穿了利息、时间与资本结构思想

奥地利学派经济学明确地指出，利息源于人的时间偏好。利息产生的唯一原因是人们有“正的时间偏好”，即人们对于当前在手的物品的评价要高于未来才能到手的同一物品。也就是说，人们对于一件未来的物品，在现在评价时，其价值要低于在未来某个时刻的评价。因此，利息可以看作是现在与未来“交换”的产物。由于任何生产都要花费时间，因此，生产者、资源所有者和消费者在做出市场决策时都必须考虑利率现

象。如庞巴维克所说,人们往往“低估未来”,对同一物品,人们偏好现在而不是未来的物品,“目前物品通常比同种类、同数量的未来物品具有较高的主观价值。由于主观评价的结果决定客观交换价值,目前物品,通常比同种类、同数量的未来物品具有较高的交换价值和价格”。[1] 由于人们对同一物品现在价值与未来价值的评价是不同的,“不管什么社会组织和法律制度,只要有现在物品和未来物品相交换的场合,利息总是会出现的”。[2] 由于利息是时间偏好的产物,因此利息是不可能消除的。

在利息问题上一个容易犯的错误是认为利息源于“生产力”,由于资本的使用提高了生产力,因此贷款人要给借款人一个回报,利息就是使用资金的回报,或者说“剩余价值的一部分”。对此,米塞斯予以明确的否认。他说,通过延长生产时期能增加单位投入的产出数量,或生产那些短时期内根本不能生产的产品。但是,却不能因此认为这样增加的财富价值就是利息的来源。[3] 在米塞斯看来,“利率”纯粹是“时间”现象,与资本或资本品没有关系,尽管利率很典型地出现在使用资本的世界中,但利率绝非资本的生产力回报。“利率”与“生产”的关系不是资本的生产“产生”了利率,而是由于任何生产都要花费时间,因此,生产者、资源所有者和消费者在做出市场决策时都必须考虑利率现象。

“时间偏好”属于“人的行动”范畴,不属于“心理”范畴。米塞斯从其“人类行为经济学”方法出发,认为,虽然庞巴维克意识到人类的“时间偏好”是普遍存在的,但庞巴维克的“时间偏好”论是建立在“心理”考虑之上的,而“心理因素”不能证明“时间偏好”规律在任何时候、任何场合都能适用。[4]

要正确地理解利息,就必须正确地理解时间。“时间偏好”中的“时

---

〔1〕 庞巴维克:《资本实证论》,商务印书馆 1981 年版,第 253 页。

〔2〕 庞巴维克:《资本实证论》,商务印书馆 1981 年版,第 262 页。

〔3〕 Mises. L, Von (1949), *Human Action: A Treatise on Economics*. Third Revised Edition. Fox&Wilkes San Francisco. 1966, pp. 526—527.

〔4〕 Mises. L, Von (1949), *Human Action: A Treatise on Economics*. Third Revised Edition. Fox&Wilkes San Francisco. 1966, p. 485.

间”不是“平均生产时间”，而是一个属于“行动学”范畴的概念。“生产时期”在行为中扮演的角色完全存在于行为人在不同长度的生产时期之间的“选择”，“生产时期”是由选择构成的，物理意义上的生产时期长短在米塞斯看来并没有多大的意义。庞巴维克之所以在利息问题上表现出折中的“二元论”，一个重要的原因是他没有认识到时间的“行为学”性质，而把时间理解为“平均生产时间”，这导致他一方面认为利息源于“时间偏好”，另一方面又认为利息源于“生产力”。

利息是资本的价格，利息又源于时间偏好。对时间的认识，决定了对资本的认识。我们同意哈耶克的观点：“资本问题实际上是个时间问题。”哈耶克指出，“时期”不是单维的。在他看来，不同要素具有不同的投资时期；如果用单个时间维度，如“平均生产时期”去描述这些各异的投资时期，是不可取也是不能允许的。[5] 哈耶克在这点上可谓一针见血。以生产眼镜为例，假如生产镜架的时间是 2 天，生产玻璃片的时间是 1 天，我们可以说生产眼镜的“平均时间”是 1.5 天吗？显然不能，如哈耶克所指出的，这个“平均时间”没有意义。哈耶克正确地指出，社会生产是相互联系的，“生产时期”是多维度的矢量，不同产品的“生产时期”不能加总测量，不能“平均化”，社会的“平均生产时期”不能说明什么问题，也不能进行比较。“单一的生产时期”或“平均的生产时期”等是没有意义的抽象概念，因为这些概念与真实世界没有多少联系。“平均生产时间”的概念导致了资本的“基金论”，因为时间可以平均，资本必然就被看作是能够自动地自我复制、保持或扩大自身规模的“基金”。而按照奈特的资本“基金论”，资本一旦存在，就能自发地进行再生，所有资本都是概念上的、永续的，资本的替代是理所当然的。

以奈特和克拉克等人为代表的新古典经济学的资本理论是“基金论”。在“基金论”中，资本是没有“时间”内涵的，因为生产、分配、交换和消费在新古典经济学的模型中是同时发生的。不同于“平均生产时间”，

---

〔5〕 Hayek, F. A. (1936), The Mythology of Capital. *Quarterly Journal of Economics*. 50. 199—228. p. 206.

米塞斯与拉赫曼等人采用的是“个人”的与“主观”的时间。在这种“主观”的时间观的基础上，奥地利学派经济学家认为资本是“结构”的，他们提出的资本结构论迥异于新古典经济学的资本基金论。人们一般只看到资本的总量，而忽视资本的结构，实际上资本“结构”的变化远比“量”的变化更重要，“总资产值的变化是我们衡量成功的标准，但它不能告诉我们发生了什么事和为什么会发生，就如同温度计不能告诉我们病人是患有疟疾还是流感”。〔6〕

奥地利学派经济学在研究资本时把目光聚焦于人的行动，而非资本品，认为资本必然与个体的计划或预期联系在一起。如哈耶克就认为，资本理论的基础应该是“个体的决策”。〔7〕资本品“没有用”，并不是因为失去物理用途，而是不再进入计划。“结构”的含义即资本必然表现出特定形式的复杂关系。〔8〕资本有不同的功能，必须结合使用，计划的改变将改变资本的结构(组合)，原来的结构将不复存在。不同的人有不同的计划，资本在“计划中”得到使用，资本只有进入一个生产计划，参与一个生产过程，才产生互补性〔9〕；当计划被修改时将产生替代效应，原先有用的资本将被剔除、被替代。因此，在给定的计划下说互补性才有意义，而新古典经济理论在讨论“互补效应”时不涉及当事人的计划，认为互补性就如同磁带和录音机之间的关系那么客观。

凯恩斯的理论中没有“个体的计划”，因此也就没有资本结构的思想，在他看来，“新的资本组合出现在原来的资本组合中，而不会对原先的有改变”。〔10〕这一论述与现实不符，这也是哈耶克说凯恩斯缺少一个资本

---

〔6〕 Lachmann, L. M., *Capital and Its Structure*. Sheed Andrews and McMEEL, Inc. 1978, p. 36.

〔7〕 Lachmann, L. M. (1982), The Salvage of Ideas: Problems of the Revival of Austrian Economic Thought. In Littlechild, S Austrian Economics. Vol. Ⅲ. Edward Elgar. 1990, p. 338.

〔8〕 Lachmann, L. M., *Capital and Its Structure*. Sheed Andrews and McMEEL, Inc. 1978, p. 59.

〔9〕 Lachmann, L. M., *Capital and Its Structure*. Sheed Andrews and McMEEL, Inc. 1978, p. 56.

〔10〕 Lachmann, L. M., *Capital and Its Structure*. Sheed Andrews and McMEEL, Inc. 1978, p. 58.

理论的原因。不同的资本结构会产生不同的服务流,而同样的资本品在不同的结构中也会产生完全不同的服务流。即便是在资本品构成不变的情况下,企业家计划的改变也会导致资本结构的重组。一个明显的证据是:在资本市场上,当一个企业宣布某项计划时,股价就会发生变化。每个企业都在尽可能地优化其资本结构,有的可能是在扩张,如阿里巴巴最近进行的并购,有的可能是在缩减,如海尔最近宣布的裁员。如果仅仅考察一个社会资本"量"的变化,而不去考虑资本"结构"的变化,那显然是片面的。事实上,根据资本结构理论,资本不能简化为"量"并用"量"去描述。

套用哈姆雷特的话,资本是"量"还是"结构",这是一个问题。主流经济学的一些理论,特别是经济增长理论就是把资本当作"量"来考虑的,假如我们意识到资本不是"量"而是"结构",那么我们也会认识到这种增长理论的基础存在缺陷。显然,我们更应该关注资本结构问题。如克莱因所说,"现代经济所面临的关键问题是资本结构问题,即资本应该怎样分配于各种经济活动中?"[11]资本结构理论有着巨大的应用前景,它的价值显然还没有被充分认识。下面谈谈它与商业周期理论的关系。

二、商业周期与资本结构的混乱

根据资本结构理论,企业家改变计划,资本结构也将随之改变,如果企业家的计划错乱,就会导致资本结构紊乱;如果企业家的计划普遍发生错误,那么资本结构将出现严重混乱,其外在的表现就是"商业周期"。奥地利学派经济学家也用"生产结构"的扭曲来说明商业周期,但"生产结构"这个概念的主观主义色彩不如"资本结构"那样鲜明,因此,用资本结构的混乱来说明商业周期更能体现奥地利学派经济学的特色。那么企业家制订计划的时候为什么会普遍地发生错误从而导致商业周期呢?原因

---

〔11〕 Peter Klein (2010), *The Capitalist and the Entrepreneur: Essays on Organizations and Markets*, Ludwig Von Mises Institute, p. 11.

在于政府对市场的干预，尤其是对货币和银行体系的干预，从而使市场信号失去应有的功能。在奥地利学派经济学家看来，商业周期不是市场本身的问题，而是政府干预扭曲货币、银行这些重要的市场制度所导致的。这些制度本应该是市场自发形成的，但由于政府的干预，这些制度失去了原有的功能。德索托教授的《货币、银行信贷与经济周期》一书正是以米塞斯的货币和银行理论为基础，从货币制度和银行制度两个方面，对奥地利学派的经济周期理论进行全面阐述的著作。

人们往往把“货币”(money)和“通货”(currency)相混淆，在日常生活中使用的“货币”是政府发行的纸币，但纸币其实是“通货”，不是真正的货币。货币本质是黄金，而通货是政府发行的信用媒介(法币)，与黄金没有关系，它只是一个符号，甚至是一个数字，本身没有价值。政府发行的通货取代货币，是发生商业周期的根本原因之一。

米塞斯认为，“信用媒介”是一种没有黄金储备做后盾的货币。在商品流通中，信用媒介与货币具有相同的功能，但信用媒介更容易扩张，这种信用媒介的扩张会导致市场利率系统性地低于自然利率，或者说信用媒介没有扩张时的利率，低利率将刺激企业家扩大生产，出现上文说的“企业家计划的普遍错误”，导致生产结构(资本结构)的变化不符合消费者的跨期偏好。企业家将投资在被人为压低了的利率下看似具有“营利性”的项目，生产规模的扩大意味着对生产资料和劳动力需求的增加。但是生产资料和劳动力的数量没有增加，增加的只是信用媒介。投入新企业的生产资料和劳动力，必然要以其他企业中生产资料和劳动力的减少为代价，这就意味着生产资料价格和工资的上涨，并进而导致消费品价格的上涨，造成了繁荣的假象。

但是，这个繁荣的势头不可能一直维持下去，“市场参与者会意识到没有足够的储蓄去满足所有的新投资项目；当所有的这些不良投资被发现并清偿时，这种虚假繁荣的泡沫就破裂了”[12]。如罗斯巴德指出的，生

---

〔12〕 Peter Klein (2010), *The Capitalist and the Entrepreneur: Essays on Organizations and Markets*, Ludwig Von Mises Institute, p. 182.

产过程总是比货币的流通过程更长，在生产过程完成之前，物价就已经上涨了，物价的上涨导致企业生产成本提高，企业的利润将被侵蚀，那些在信用扩张（低利率）的情况下看上去具有盈利能力的项目就不再是盈利的项目，而是投资失误了。一旦银行为防止货币体系的崩溃而采取措施终止信用的扩张，一些企业就不得不缩减生产规模，而另一些企业将关门或破产。

在信用扩张的情况下，一方面，在远离消费品的一端出现产能过剩；另一方面，在靠近消费品的一端，由于土地、劳动力和资本等要素的价格上涨，企业的利润下降，即使企业提高消费品价格，可能也不足以弥补要素价格的上涨。这种情况一般被称为“生产结构的扭曲”，但我们更愿意称之为“资本结构的混乱”。

吊诡的是，在信用扩张的过程中，一边是货币供应量大幅增加，另一边却出现“钱荒”，即企业的融资成本反而更高了。这是为什么？原因在于，信用扩张促进资产（尤其是房地产）价格上涨，大量的信贷资金流入投机性的领域，追逐实体经济中难以获得的利润。在这种情况下，市场的借贷利率提高了，对需要资金的企业来说，市场利率的提高即意味着需要支付比原先更高的融资成本。“货币数量论”难以解释这一现象，因为根据该理论，可以用多印钞票的办法解决“钱荒”问题，但这一办法显然是饮鸩止渴。

信用扩张也与银行制度的扭曲有关。银行制度的扭曲集中表现在“中央银行”和“部分储备的银行制度”上。“部分储备的银行制度”是指银行的贷款并没有黄金和储户自愿的储蓄做后盾，或者说银行把储户的活期存款都贷出去了。储户（尤其是指活期存款的储户）把资金放在银行里是为了获得安全和随时提取的便利，储户有随时把资金提取出来的权利，银行在未经储户许可的情况下私自将这部分资金贷放出去，不可避免地造成重复支付问题，并且显然是侵害了储户的财产权，剥夺了该储户存款的一部分购买力，也违背了货币本质上是黄金的原则，“部分储备的银行制度”实际上是违背私法的行为。

"部分储备的银行制度"非法地扩张了信用,银行也正是利用储户不会集中地提取存款来获利。假如储户都向银行提取存款,银行必然破产,但是在没有信用危机的情况下,这种情况一般不会发生。这种银行制度之所以能长期存在,一个重要的原因是中央银行为它提供了保障,更准确地说,商业银行从中央银行那里获得了以部分储备就可以实施信贷扩张的"特权"。那么为什么政府要给银行特权呢?答案在于,政府和银行之间存在互利关系:政府可以利用银行发债,或通过其他方式进行信用扩张,解决自己的财政困难而不必求助于税收;而银行在信贷扩张中多"销售"了本不存在的货币,获得了巨大的利益,而且还不用承担信用扩张的风险,因为所有的风险都可以让中央银行承当。正是政府在背后的怂恿,让银行堂而皇之地践踏私法,破坏市场经济正常运转所必不可少的财产权。

如米塞斯在《人的行为》中早已论述的,如果政府从未为某些特殊银行的利益而采取干涉行动,如果政府从未解除某些银行遵照契约清偿债务的义务(在市场经济里面,这是所有个人和所有商号必须履行的义务),就不会有什么银行问题出现。每个银行对于自己的偿付能力的考虑,就可以使它不得不小心谨慎而不敢过分发行信用媒介,否则就会破产。但如果有了中央银行,情况就不同了——有了中央银行这个依靠,商业银行就会肆无忌惮地扩张信用。

可见,用于交易的媒介只能是真正的货币,企业家投资的资金只能来自自愿的储蓄,即可转作生产资源的真实消费品的节约,而不是信贷扩张产生的货币资金。然而,在政府干预货币和银行体系之后,出现了两个"没有支持":作为交易媒介的法币没有黄金支持,用于投资的信贷没有真实的生产资源支持。

三、干预主义者的理论中没有"人的行动"的因素

门格尔早就指出,货币和语言一样,是在历史中自发形成的。而经济

危机的根源就在于政府对传统法律原则和产权制度的破坏，使货币制度和银行制度失去其应有的协调功能，导致企业家在制订计划时普遍发生错误，致使资本结构出现普遍的混乱，这样就可以把经济危机问题归为“人的行动”问题；从另一方面看，忽视“人的行动”，或者说在理论体系中排除“人的行动”，也正是干预主义理论谬误的根源。

在干预主义的理论体系中没有“人的行动”的因素，这一点在价格理论中有明显的体现。对价格有两种理解，一种认为价格包含了无数个体的知识（观念、预期和判断），价格反映、传递和整合不同人的知识，将知识从一个角落传递到另外一个角落，这个传递知识的过程也是协调不同人的行动，使经济成为一个整体的过程，也就是拉赫曼说的“使分散的计划趋向一致”〔13〕；与之相反，干预主义者则把价格当作参数，认为价格是可以人为地调整，是实现干预者预想的均衡（市场出清或最大化）的工具，在这种理论体系中，知识被视为给定的技术和偏好，在做出这样的假定之后，剩下的问题就是求解实现均衡的价格。干预主义者没看到价格是在人的行动过程中自发形成的，“这种最适合于现代文明的价格体系乃是通过某种奇迹而自发形成的”〔14〕，“价格机制并不是人之设计的产物”。〔15〕德索托也指出，“价格不是人们要去适应的给定物。相反，正是不断行动的人，创造价格并调整它们”。〔16〕

不难发现，对于价格，凯恩斯正是采取了后面这种理解。在他的理论中，只有设定价格参数的“干预者”，但没有作为市场参与者的“行动人”。也就是说，凯恩斯所犯的错误和兰格等人本质上是一样的，都把价格设想为参数，是干预者可以任意调节的工具，他们没有看到，市场价格是行动

---

〔13〕 Lachmann, L. M., *Capital and Its Structure*. Sheed Andrews and McMEEL, Inc. 1978, p. 61.

〔14〕 哈耶克著：《个人主义与经济秩序》，生活 · 读书 · 新知三联书店 2003 年版，第 132 页。

〔15〕 哈耶克著：《个人主义与经济秩序》，生活 · 读书 · 新知三联书店 2003 年版，第 131 页。

〔16〕 参见赫苏斯 · 韦尔塔 · 德索托著，朱海就译：《社会主义：经济计算与企业家才能》，吉林出版集团有限责任公司 2010 年版，第 248 页。

人的产物，是所有市场主体共同创造出来的。凯恩斯创立了宏观经济学，但使用的还是新古典经济学的均衡分析框架，“新瓶装旧酒”，他无非用“充分就业”代替了新古典经济学的“市场出清”。在继承新古典方法的凯恩斯主义的理论体系中，个体不是“行动人”，是没有学习能力的，市场是干预者可以调节的机器，诚如拉赫曼所说，“凯恩斯并不懂得市场是人们交换知识的制度”。[17]

本套丛书侧重于奥地利学派经济学的货币、资本、利息、商业周期、私有产权、市场组织与企业家才能等方面，对这些主题的研究是奥地利学派经济学的“拳头产品”。这些主题之所以重要，是因为如果我们想了解真实世界的经济运行，就不可避免地要从这些主题入手。换言之，我们无法逃避这些主题，它们是必不可少的理论工具。并且，相比其他经济学派而言，奥地利学派经济学在这些主题上所做的研究是最深入、最有说服力的。例如，奥地利学派的商业周期理论不仅有坚实的理论基础和缜密的逻辑，而且在现实中也已经得到反复的验证，因此备受人们的推崇。对任何一位试图了解经济世界运行奥秘的人来说，本套丛书都是必读的佳作。

朱海就

2020 年 3 月于杭州

---

〔17〕 Lachmann, L. M., *Capital and Its Structure*. Sheed Andrews and McMEEL, Inc. 1978, p. 70.

引 言

一

20 世纪 20 年代到 30 年代是奥地利学派经济学的繁荣时期。在那段岁月里,这一脉相承的学派在维也纳初次盛开,学者们追随着卡尔·门格尔(Carl Menger)一手创建的学术传统开枝散叶,并越过德语世界的边界,漂洋渡海传播到世界各地。

这段历史时期内的许多重要著作,特别是路德维希·冯·米塞斯(Ludwig von Mises)和哈耶克(F. A. Hayek)的著作,已被译成英文,此外,还有弗里茨·马克卢普(Fritz Machlup)、戈特弗里德·冯·哈伯勒尔(Gottfried von Haberler)、奥斯卡·莫根施特恩(Oskar Morgenstern)、弗朗兹·丘海(Franz Cuhel)、汉斯·迈尔(Hans Mayer)、保罗·罗森斯坦-罗丹(Paul Rosenstein-Rodan),以及李奥·费尔德-伊利(Leo Schonfeld-Illy)等人的著作。[1]

该时期的先锋著作里,里夏德·冯·施特里格尔(Richard von Strigl)的作品迄今为止尚不为英语读者所熟悉。本书《资本与生产》最早在 1934 年由先前的奥地利商业周期研究院出版,收录在研究院的"商业周期研究

〔1〕 有关这些作者在两次世界大战之间时期的代表作,请参阅 *Austrian Economics: A Sampling in the History of a Tradition*, Israel M. Kirzner, ed., vol. 2 (London: William Pickering, 1994).

丛书”〔2〕里，德文版标题为“Kapital und Produktion”。1982年，在巴里·史密斯教授(Barry Smith)的主持编辑下，本书得以再版刊印，由慕尼黑的Philosophia Verlag出版社出版。本书的英文版本由汉斯-赫尔曼·霍普(Hans-Hermann Hoppe)教授及其夫人玛格丽特·霍普(Margaret Hoppe)翻译，由马克·斯古森(Mark Skousen)博士作为礼物赠与米塞斯研究院。英译本曾一度以打印稿的形式传阅，如今附上索引后，终于以一本完整书籍的形式问世。

1929年，史无前例的大萧条冲击了整个西方世界，施特里格尔试图在本书里探究大萧条的成因及可能的解决之道。同时代的许多奥地利学派经济学家都研究过类似主题，不过施特里格尔的这本著作独具一格，因为他详细分析了耗时的迂回生产过程及其与大萧条的联系。〔3〕跨入21世纪的今天，全球正经历着又一次史无前例的大牛市，这本书也在此时再度展现了其意义所在。

施特里格尔结合了杰文斯(Jevons)和欧根·冯·庞巴维克(Eugen von Böhm-Bawerk)的资本理论，形成了一套完整的奥地利学派经济学理论，还详细分析了信贷扩张对宏观经济造成的冲击和影响。哈耶克在这一领域也有过著述，然而施特里格尔对这些议题的阐述甚至比哈耶克还要系统、严谨和清晰。实际上，哈耶克曾称赞施特里格尔的著作“简洁明

---

〔2〕 Beitrage zur Konjunkturforschung, edited by the Osterreichischen Instirut fur Konjunkturforschung. 这一系列的前7卷都是奥地利学派经济学的经典著作：F. A. Hayek, *Geldtheorie und Konjunkturtheorie* (Vienna: Holder-Pichler-Tempsky, 1929); Fritz Machlup, *Börsenkredit*, *Industriekredit und Kapitalbildung* (Vienna: Springer, 1931); F. A. Hayek, *Preise und Produktion* (Vienna: Springer, 1933); Erich Schiff, *Kapitalbildung und Kapitalaufzehrung im Konjunkturverlauf* (Vienna: Springer, 1933); Oskar Morgenstern, *Die Grenzen der Wirtschaftspolitik* (Vienna: Springer, 1934); Fritz Machlup, *Führer durch die Krisenpolitik* (Vienna: Manz, [1934] 1998); and Richard von Strigl, *Kapital und Produktion* (Munich: Philosophia, [1934] 1982). 1934年米塞斯离开维也纳后，1931年接替哈耶克任研究所所长的摩根斯特恩开始出版明显缺少了奥派思想的作品。示例参见此系列的第八卷，Ragnar Nurske, *Internationale Kapitalbewegungen* (Vienna: Springer, 1935).

〔3〕 这一领域的其他重要当代作品有：Mises's booklet *Die Ursachen der Wirtschaftskrise* (Tubingen: Mohr, 1931); Hayek's *Prices and Production*, 2nd ed. (London: Macmillan, [1931] 1935); and Lionel Robbins's *The Great Depression* (Plainview, N. Y.: Books for Libraries Press, [1934] 1976).

了地阐述了一个以困难著称的主题”。[4]

因此,《资本与生产》不仅仅是思想史学者的研究主题,对于希望发展基于资本的宏观经济学的现代经济学者来说,它也是一个尚待挖掘的宝藏。施特里格尔的思想将丰富宏观经济学的语汇,而且与 20 世纪 30 年代相比,他的思想在今天也会有更多的机会获得人们的认可,毕竟,阻碍思想在大众和经济学界传播的语言障碍、政治环境以及思想氛围屏障已普遍不存在。[5]

不是所有的读者都会满意施特里格尔对货币如何影响经济的分析,但是读者会称赞施特里格尔是一名基于资本的宏观经济学的杰出先驱,尤其是他的思想与现今的情况息息相关。

二

第二次世界大战前的奥地利在思想和艺术界涌现了许多杰出人物,其中,里夏德·冯·施特里格尔骑士出生于 1891 年 2 月 7 日的摩拉维亚(今属捷克共和国)。他就读于维也纳大学,在非常年轻的时候就加入了著名的庞巴维克私人研讨班。这个研讨班里诞生了整整一代杰出的经济学家,比如奥托·鲍尔(Otto Bauer)、尼古拉·布哈林(Nicolai Bukharin)、路德维希·冯·米塞斯、奥托·纽拉特(Otto Neurath),以及约瑟夫·熊彼得(Joseph Schumpeter)等。

在第一次世界大战后施特里格尔继续从事他的研究工作,撰写了一本有关经济理论的重要著作,并因为那本书于 1923 年获得任教资格——中欧地区各大学任教资格证书。五年以后,他晋升为不领薪资的副教授(titular extraordinary professor)。与米塞斯、马克卢普、哈伯勒尔等同时

---

[4] F. A. Hayek, “Richard von Strigl,” *Economic Journal* 54: 285 (1943).

[5] 对于基于资本的宏观经济学的当代作品,参见 Mark Skousen, *The Structure of Production* (New York: New York University Press, 1990) and Roger Garrison, *Time and Money* (London: Routledge, 2000). A good modern discussion of capital theory is also in Peter Lewin, *Capital in Disequilibrium* (London: Routledge, 1999).

代优秀的维也纳经济学家一样，施特里格尔不得不依靠学术以外的收入来维持生计，并最终成为奥地利失业保险局的一位高级官员。

施特里格尔为人谦虚、善良、文雅，而且性格非常开朗，给他的学生和无偏见的同僚留下了深刻印象。他的一位学生约瑟夫·施泰因德尔(Joseph Steindl)在他去世后回忆道："往昔，无论是他的学生还是那些跟他有交往的、旅居维也纳的外国经济学家，几乎没有不喜欢他的。"[6]他还具备另一项杰出的天赋——有能力进行系统化阐述和逐步推导论证，这项才能在课堂上大获成功。由于性格和天赋才能的关系，他对在第一次世界大战后毕业于维也纳大学的整整一代的年轻经济学家产生了重要的影响。超越了任何其他教职员，他塑造了像哈耶克、马克卢普、哈伯勒尔、莫根施特恩，以及其他未来的维也纳经济学家的思想。[7]

施特里格尔在课堂上让学生们相信，经济理论可以抽象地进行研究，也就是说，无须涉及任何经验或实证领域的研究。而且经济理论既可用于解释经济现象，也可用于指导政治行动。今天，这些观点早已为主流经济学派所吸收并成为其中的组成部分，而在两次大战期间，当时的情形则与今日相去甚远。

尽管奥地利学派在20世纪20年代和30年代冉冉升起，但当时在德国和奥地利政府的经济部门，占主导地位的思想还是所谓的历史学派。历史学派尤其鄙视经济理论，因为经济理论的存在意味着有普遍的经济法则的存在。历史学派认为，经济法则的普遍性与其所处的历史环境息息相关。由于历史是一个过程，而人类的生存环境在这个过程中不断地发生改变，因此不可能存在普遍的经济法则。至多，只可能有适合一段或多或少特定历史时期的"法则"，而且不管怎样，关于该经济的所有见解也只能经由对具体的家庭、公司、政府、城镇等的实证性研究来获得。

---

[6] 引自 Hayek, "Richard von Strigl" pp. 284—86.

[7] 依据 Hayek, "Richard von Strigl," p. 284. 这些年轻的经济学家，"从他这里的受益超越了任何其他老师"。另见 Joseph Steindl as quoted in ibid, and Steindl, "Strigl, Richard von (1891—1942)," in *The New Palgrave: A Dictionary of Economics*, J. Eatwell, M. Milgate, and P. Newman, eds. (London: Macmillan, 1987), vol. 4, p. 521.

再者,在维也纳大学,施特里格尔所在的经济系还是反理性主义“有机论”的一个顽固堡垒。这一学派的最著名的拥护者就是奥斯马·斯潘(Othmar Spann)和他的学生。[8] 斯潘认为,经济体系的所有组成部分,如家庭和公司,只能作为一个有机整体的组成部分来理解。这与奥地利学派经济学家的方法截然不同,奥地利学派寻求从个人行动和人与人之间的社会互动出发来解释经济现象(也就是通常所说的个人主义方法论)。

单枪匹马的施特里格尔在充满敌意的环境里为个人主义方法论做出了卓有成效的辩护。遗憾的是,他在 1942 年 11 月 11 日的英年早逝让奥地利学派失去了在第二次世界大战后的维也纳大学立足的机会。哈耶克在悼念施特里格尔的讣告中说:“随着斯人的辞世,作为经济学教学中心的维也纳传统将不复存在,‘奥地利学派’在未来振兴的希望也就此湮灭。”[9]

三

施特里格尔的《资本与生产》植根于奥地利学派经济学传统,遵循了卡尔·门格尔开创的经济学原理的分析方法论。

自从门格尔的《国民经济学原理》在 1871 年首次出版后,门格尔式的经济分析逐渐启发了奥地利和德国的许多年轻经济学家。从 1871 年至 1940 年间,德语世界里的奥地利学派的阵营一代比一代庞大。[10]

第二代奥地利学派经济学家活跃于 19 世纪 80 年代至 20 世纪 10 年

〔8〕 示例参见 Othmar Spann's *magnum opus*, *Der wahre Staat* (The True State) (Leipzig: Quelle and Meyer, 1921).

〔9〕 Hayek, “Richard von Strigl”, p. 285.

〔10〕 关于门格尔的工作对其他国家,特别是英国和美国的影响,参见 Joseph T. Salerno's important work, “The Place of Mises's Human Action in the Development of Modern Economic Thought,” *Quarterly Journal of Austrian Economics* 2, no. 1 (1999): 35—65.

代,由门格尔的追随者中最有天分的欧根·冯·庞巴维克和弗里德里希·冯·维塞尔(Friedrich von Wieser)组成,此外还有一些稍逊色的经济学家,比如埃米尔·萨克斯(Emil Sax)。门格尔也影响了当时用德语写作和出版的克努特·维克塞尔(Knut Wicksell)。

在20世纪第一个十年,第三代奥地利学派经济学家——施特里格尔这一代人——获得了他们应有的声誉,他们是:路德维希·冯·米塞斯、约瑟夫·熊彼得、汉斯·迈尔、卡尔·施莱辛格(Karl Schlesinger)、弗朗茨·魏斯(Franz Weiss)、李奥·费尔德·伊利、弗朗兹·丘海、罗伯特·利夫曼(Robert Liefmann)等。

然后到了20世纪20年代,出现了第四代奥地利学派经济学家,其中就包括哈耶克、弗里茨·马克卢普、戈特弗里德·哈伯勒尔、奥斯卡·莫根施特恩、埃瓦尔德·沙姆斯(Ewald Schams)、保罗·罗森斯坦-罗丹、威廉·罗普克(Wilhelm Ropke)、瓦尔特·欧肯(Walter Eucken)、弗里德里希·卢茨(Friedrich Lutz)、路德维希·拉赫曼(Ludwig Lachmann)、亚历山大·马尔(Alexander Mahr)、卡雷尔·恩格利斯(Karel Englis)等人。他们中的一些人在第二次世界大战后成为著名学者,在美国继续他们的经济学者生涯。获得1974年诺贝尔经济学奖的哈耶克,对20世纪70年代至80年代的奥地利学派经济学者产生了重要影响。

虽然卡尔·门格尔对这四代奥地利学派经济学家都有很深刻的影响,但不足为奇的是,每个奥地利学派经济学家在重要或不重要的方面,在大大小小领域内的贡献各不相同。有两个方面的因素造成了这个结果:

一方面,除了门格尔建立的研究传统外,其他经济学研究传统对奥地利学派经济学家也有至关重要的影响,比如,莱昂·瓦尔拉斯(Leon Walras)影响了维克塞尔、熊彼得和施莱辛格的著作,他们甚至可以说更接近于瓦尔拉斯学派,而非奥地利学派。至于瓦尔特·欧肯、路德维希·拉赫曼,以及其他来自德国的具备演绎推理思路的经济学家,则背负着历史学派的遗存。

另一方面,门格尔的著作本身也足够开放,能够做不同的解释,或者说,从不同的角度启发读者。而且门格尔的追随者在解释他的分析方法时强调的重点也不尽相同。例如,在价值理论方面,维塞尔侧重于他所观察到的心理基础,庞巴维克则倾向于强调决定价值的客观因素作用,如商品的数量和物质生产力。而在米塞斯看来,人的选择才是经济分析的基石。相比之下,早期的哈耶克及米塞斯的许多其他学生尤其关心市场价格与生产结构之间的均衡关系,而晚期的哈耶克则把知识的获取和利用视为经济理论的中心问题。[11]

施特里格尔主要的兴趣在研究政策提案的科学基础上,这点和米塞斯相同。他对实际问题的关注让他特别重视分析研究的方法,而且他特别高效地在自己的研究中利用了这些研究方法。总体来说,对施特里格尔产生最持久影响的还是庞巴维克,不过本书的读者将会发现,瓦尔拉斯、维塞尔、熊彼得还有米塞斯也影响了他的学术著作。

四

在经济理论、应用经济学、资本理论,以及理论研究与历史研究关系方面,里夏德·冯·施特里格尔是一位进行了先驱式研究的作者。

他总共出版了四本著作,两本探讨了经济理论在特定领域的应用,即《资本与生产》和《应用工资理论》(*Angewandte Lohntheorie*,1926)。后一本书体现了纯粹的庞巴维克风格,论证了工会无法提高工人阶级全部成员的工资。他的最后一本著作对经济原则做了解释,当时被哈耶克称为

---

〔11〕 因此,"奥地利学派经济学"的称谓在许多方面都会带来误导,而实际上奥地利学派传统有着截然不同的竞争路线。其中两条线在当代格局中占主导地位:一方面是门格尔-庞巴维克-米塞斯-罗斯巴德系列,另一方面是门格尔-维塞尔-哈耶克-柯兹纳系列。See Murray N. Rothbard, "The Present State of Austrian Economics," *Journal des Economistes et des Etudes Humaines* 6, no. 1 (1995): 43—89; and Joseph T. Salerno, "Mises and Hayek Dehomogenized," *Review of Austrian Economics* 6, no. 2 (1993): 113—48, and "The Place of Mises's Human Action in the Development of Modern Economic Thought." Hans-Hermann Hoppe, "Einfuhrung: Ludwig von Mises und der Liberalismus," in Ludwig von Mises, *Liberalismus* (Sankt Augustin: Academia Verlag, 1993),此书提出了令人信服的理由,即门格尔-庞巴维克-米塞斯-罗斯巴德系列最能体现奥地利学派经济学传统的精髓。

“对于经济理论的现代诠释,可能是最优秀的德语著作”。[12] 他在那本书里讨论了一个将耗去未来两代新古典主义经济学家全部精力去研究的议题:成本曲线的形状——他希望能从中得到一条长期供给曲线,以及不同市场结构下的定价,尤其是竞争价格和垄断价格。

施特里格尔的第一本著作《经济范畴与经济组织》(*Okonomische Kategorien und die Organisation der Wirtschaft*,1923)相当令人感兴趣,这本书立刻为他带来了广泛的声誉并影响了许多经济学家,尤其是第四代奥地利学派经济学家代表的年轻一辈。[13]

这本书探讨了经济学的研究方法,以及社会科学范畴内的理论研究与历史研究的关系,书名或许翻译成“基本经济概念与经济数据”最为恰当。施特里格尔认为,经济科学只探讨稀缺性的事件状态,与这些事件状态有关的全部方面都可由四种基本经济概念来表述:(1) 经济主体;(2) 所有权;(3) 物品的可能用途;(4) 价值标尺。这些概念具备一般“形式”,在形式的帮助下,我们能够界定或“捕捉”多种多样的“相关史实内容”。这种利用经济概念来界定具体现实的方法就是描述经济学*(descriptive economics)的任务,它是经济科学的两个分支之一。

这四个基本概念之间存在着某些必然的联系,也就是间接地,在任何具体环境下,与这些概念相对应的历史内容之间也存在着某些必然的联系。所以这些概念也有着重要意义,而描述这些联系就是经济科学的另一个分支——理论经济学的主题。

因为这些基本概念都是形式化的,它们之间的联系就独立存在于任何给定历史环境里的具体内容。因此,施特里格尔能够向历史学派让步,承认历史随着时间的变迁在不断变化和转变。然而这并没有扭转一个事

---

〔12〕 Hayek, “Richard von Strigl,” p. 285. 施特里格尔最后一本著作的标题是“Einführung in die Grundlagen der Nationalokonomie” (Vienna: Manz, 1937).

〔13〕 See Hayek, “Richard von Strigl” p. 285. 同时参见哈珀勒 1923 年的书评,“Economics as an Exact Science,” in *Austrian Economics*, Israel M. Kirzner, ed. (London: William Pickering, 1994), vol. 2.

* 也即实证经济学。——译者注

实,即不管何时何地,总有(1) 经济主体,(2) 拥有某些物品,物品能够有(3) 某些可能用途,并且物品的使用(4) 依据个人的价值标尺来决定。由此,经济理论所描述的经济法则在任何时间和任何地点都成立,于是经济理论是普遍有效的命题。

因此,施特里格尔的基本经济概念完成了两个重要任务。一方面,这些基本概念界定了与之有关联的史实。它们因此可以"捕捉"经验事实,并且把经济理论与真实世界联系起来。另一方面,它们本身就是经济理论大厦的砖石,而经济理论实际上就是描述存在于这些基本经济概念之间的关系。这种理清了理论研究和历史研究的方法,对奥地利和德国的经济学产生了重要影响。他的一位著名追随者就是杰出的弗赖堡经济学家瓦尔特·欧肯(Walter Eucken),他的工作可以被认为是在诠释施特里格尔式的经济学。[14]

非常遗憾的是,施特里格尔的著作几乎彻底为人所遗忘。在相当程度上,这也是整个奥地利学派在德语国家里的命运。奥地利学派的大本营过去始终都是维也纳,正是从这个中心出发,他们的思想辐射到了奥地利各地,到德国、荷兰、斯堪的纳维亚半岛及整个东欧,以及到瑞士的北部各州等。然而从20世纪30年代初期开始,维也纳的奥地利学派文化渐渐走向凋零。米塞斯前往瑞士,在那里找到了一份颇有威望的工作,会在那里继续撰写自己的杰作;哈耶克、马克卢普、哈伯勒尔则因为祖国对他们关上了大门而远走英美,他们在那里找到了在国内无从期望的教职。而在1938年奥地利被德国吞并后,大批其他的奥地利经济学家被迫离开奥地利,因为纳粹奥地利的统治让莫根斯特恩这样的犹太学者难以生存,而其他非犹太裔学者则是由于无法与国家社会主义德国工人党妥协(注:原文拉丁语 *modus vivendi*)。施特里格尔则是奥地利学派留守在发祥地的最后一人,但是很快他的生活和工作环境也变得让人难以忍受。在被许多机会主义同胞所鄙视的同时,他的健康也受到了极大影响。约瑟

---

〔14〕 See Walter Eucken, *Kapitaltheoretische Untersuchungen* (Jena: Fischer, 1934), and *Grundlagen der Nationalökonomie*, 9th ed. (Berlin: Springer, [1939] 1989).

夫·施泰因德尔在那时写道：

> “自奥地利遭到入侵以来，他一直沉寂无闻，我们再未听说他有任何出版的计划。熟悉他的人也不会对他的沉寂感到意外，而且这也不仅仅是因为他在1939年遭受了疾病的困扰。太多人在一夜之间倒向了新的阵营，他始终不屈不挠，他这人，在整个执教生涯里，不谙明哲保身之道。”〔15〕

随着施特里格尔的去世，奥地利学派也不再作为一个独立的学派而存在，在第二次世界大战后的奥地利与德国消失。奥地利学派在这些国家的思想史上成了历史上的一章，今后这个学派在美国，也只有在美国才能继续蓬勃发展下去。施特里格尔的思想最终在美国得到了它应有的关注。

五

《资本与生产》为经济科学做出了杰出的贡献，完美体现了其作者的教学天赋。施特里格尔用逐步推导的方式对宏观经济的运作进行了阐述。他阐述的卓越之处体现在两方面。

首先，与约翰·梅纳德·凯恩斯(John Maynard Keynes)的《就业、利息和货币通论》(以下简称《通论》)相比，施特里格尔的论述很少使用总量概念。凯恩斯的《通论》比《资本与生产》晚出版了两年，遗憾的是前者时至今日都是宏观经济推理的标杆。施特里格尔与凯恩斯截然不同，其区别不仅在于他们认为总量概念的适用范围有区别，而且在于如何使用总量概念的方面。凯恩斯及主流宏观经济学家试图揭示各种总量概念之间的常数关系；例如，他们寻找的常数关系的一方是货币供应，另一方是物

〔15〕 施泰因德尔引自哈耶克，“Richard von Strigl，” p. 285. 一位出色的野心家的例子是汉斯·梅耶(Hans Mayer)，他与纳粹达成了一种权宜之计，就像他后来与奥地利社会党达成的某项协议一样，后者在第二次世界大战后统治了这个国家。因此，哈耶克称施特里格尔为维也纳的“最后一位”奥地利学派经济学家，而忽略了梅耶，这可能不仅仅是出于理论上的原因。

价、就业,还有产出。而像施特里格尔这样的奥地利学派经济学家则选择了不同的研究方法,他们对于总量概念之间的数量关系并不感兴趣,除非他们可以从总量追踪到个人的决策,或者可以追踪到人在行动中的个别(或边际)目的。于是,在施特里格尔看来,宏观经济学基本上是由追踪存在于所有单个价格和数量之间的联系所构成的,“直到出现这样一幅画卷:总量中每个现象都由其他现象共同决定,总量整体的有律可循的本质遵从于每个部分的决定性力量”(第 28 页)。[16]

其次,施特里格尔开创性地阐述了资本的不同形式,并以此为基础构建了他的宏观经济学。特别是他强调了消费品或生活资料的根本作用,使之与生产需要时间这一事实相关联。若消费品被那些从业于耗时的迂回生产过程的劳动者用于维持生计,它们就被作为“自由资本”(第 20 页)而存在。若劳动者无法维持生计,迂回生产就无法开展。正因为如此,作为资本使用的消费品也就构成了最根本的或“原始形态”(第 45 页)的资本。

将服务于生产的消费品作为原始资本的这个根本性见解,之前已经在杰文斯的工资基金理论中有所表述,而且至今依然为奥地利学派所抱持。[17] 然而,尚无一人在这方面超越施特里格尔。他对由此的内在联系进行了系统性的分析,并且把这些发现整合进了宏观经济学理论。他留

---

〔16〕 弱化总量分析是奥地利学派资本理论的一个特点。然而,施特里格尔在这方面超越了大多数其他奥地利学派资本理论。Knut Wick-sell, *Über Kapital: Wert und Rente* (Jena: Fischer, 1893), *Geldzins und Guterpreise* (Jena: Fischer, 1898), and *Lectures on Political Economy* (London: Macmillan, 1934); Irving Fisher, *The Nature of Capital and Income* (New York: Kelley, [1906] 1965); F. A. Hayek, *Geldtheorie und Konjunkturtheorie*; Mark Skousen, *The Structure of Production* (New York: New York University Press, 1990); and even Murray N. Rothbard, *Man, Economy, and State*, 3rd ed. (Auburn, Ala.: Mises Institute, [1962] 1993),也比施特里格尔在更大程度上采用了总量概念(但远低于经济主流)。完全避免提及总量概念的资本理论包括: Ludwig von Mises, *Human Action*, Scholar's Edition (Auburn, Ala.: Mises Institute, 1998), chap. 28, Ludwig Lachmann, *Capital and its Structure*, 2nd ed. (Kansas City: Sheed, Andrews and McMeel, 1956), and Israel M. Kirzner, *An Essay on Capital* (New York: Kelley, 1966).

〔17〕 See William Stanley Jevons, *Theory of Political Economy*, 5th ed. (New York: Kelley, [1871] 1956), pp. 223f.; Eugen von Bohm-Bawerk, *Positive Theorie des Kapitals*, 4th ed. (Jena: Fischer, 1921), p. 139; Mises, *Human Action*, pp. 488, 501; and Rothbard, *Man, Economy, and State*, p. 46.

给当今资本理论的遗产在很大程度上取决于这一贡献。[18]

这个认识的一个重要意义在于，单纯从技术角度来看待资本从此并不合适。那些最容易认同资本概念的资本品，如机器、厂房等，其本身就是先前生产阶段的产物，而先前的生产阶段归根结底都会用到劳动力、土地，以及"服务于生产"的消费品。不仅如此，资本品要能用起来，得有相应数量的消费品投入生产过程才行，以使操作这些资本品的劳动者能维持生计。资本品用于生产过程，消费品用于支持这一过程，无非是"同一过程"的正反两面(第 18 页)。总之，无论何时何地，资本品的数量和质量最终都取决于人们对可支配的消费品作何选择。一个人既可以选择把自己的消费品用于"纯粹消费"，也可以选择把其中一部分(也就是积蓄)用于"生产性消费"；换句话说，他可以把自己的积蓄用于维持生计或用于生产性冒险。消费品既能作为生活资料，也可以作为原始资本，这取决于个人的决定。因此，同样的实物是否作为资本用途，最终将取决于市场参与者的个人选择；资本形式也就有了一个主观基础。[19]

接着，施特里格尔从创造"新钱"对实体经济的冲击入手[20]，对商业周期给出了基于资本的解释。如果新钱以"信贷扩张"的形式进入市场，也就是说，新钱首先来到信贷市场，就会让银行利率低于均衡水平，结果，生产结构会发生两方面的转变："首先，消费品生产扩张后，资本会被消耗；其次，迂回生产扩张后，资本投资流动性不足会加剧。"(第 96 页)结果是，社会作为一个整体会陷入贫困。这就是施特里格尔对大萧条成因的

---

〔18〕 此外，施特里格尔预见了乔治·赖斯曼(Geroge Reisman)的净消费/净投资利息和利润理论的主要原则(See Reisman's *Capitalism* [Ottawa, III: Jameson Books, 1996], pp. 719ff.)。施特里格尔坚持认为：(1) 利率是由储蓄(工资基金)、边际生产力和"配给"的规模共同决定的(参见第 50、52 页)；(2) 利息支付额和企业家利润恰好对应企业家和资本家纯粹消费的程度(参见第 40、73、75 页)。

〔19〕 资本的这种主观性质——资本与个人计划和选择紧密相关这一事实——之后得到强调，参见 Mises, *Human Action*, pp. 488, 492; Lachmann, *Capital and its Structure*; and Kirzner, *An Essay on Capital*.

〔20〕 资本理论与货币理论融入商业周期理论首见：Ludwig von Mises, *Theorie des Geldes und der Umlaufsmittel* (Munich and Leipzig: Duncker and Humblot, 1912), translated as *Theory of Money and Credit* (Indianapolis, Ind. : Liberty Fund, 1980). 资本与货币理论成为奥地利学派商业周期理论著作的标志，例如哈耶克、罗斯巴德和斯库森的著作。

精简(原文拉丁语: *in nuce*)解释。

《资本与生产》的两个附录尤其值得读者关注。在第一个附录里,施特里格尔探讨了研究方法也就是方法论的问题,以及商业周期理论的政治含义。第二个附录有关资本概念,是全书的精彩总结。施特里格尔在此表达了他的主要观点: 如果不充分地考虑维持生计基金的作用,资本理论将误入歧途。这些理论"都太过关注表面现象——耐久资本品的充足供应和广泛的同步化生产"(第 118 页)。结果就是违背萨伊定律的"资本过剩谬论"(第 119 页),以及认为同步化生产可以忽略时间因素的学说(第 120 页)。

六

《资本与生产》具备经济科学经典的所有特点: 清晰、深刻和系统。不过,对施特里格尔的分析中一些容易被忽略的方面进行点评,仍然可能是有益的。尤其是对于那些对基于资本的宏观经济学奥地利学派著作整个谱系尚未完全了解的读者来说,以下观察相当于指南。

施特里格尔的分析方法注重于静态经济和资本再生产问题(举例参见第 13、28、65、66 页)。这是当时流行的方法论,施特里格尔也证明了自己是方法论的大师级人物,把它精准地用在了实际研究中。今天的奥地利学派经济学家普遍不采用这种均衡分析法,因为当今的学者认为不确定性以及为处理不确定性而建立的制度问题更为重要,而这种分析方法会转移重点。不过,即便撇开侧重点不谈,我们也会注意到施特里格尔的方法对其分析的实质影响。比如,他对资本再生产的强调有着忽视以下事实的风险: 资本品本身的存在就可以允许迂回生产的延长(See Mises, *Human Action*, Scholar's Edition [Auburn, Ala.: Mises Institute, 1998], pp. 492, 495),无论资本再生产的过程是否有利可图。

此外,就一般分析过程而言,施特里格尔并没有遵循他明确宣布的初衷——先分析以物易物经济,再分析货币面纱的影响。事实上,他在第二章对生产成本法则做关键论证时，就谈到了货币价格。[21] 他正确地指出："每一生产要素，只要其边际产出的价格高于这个要素的价格，都会一直被利用到两者价格齐平为止。"显然，这两个价格一定是用货币计算的价格，否则我们无从知道两者是否齐平。正因为如此，在阅读本书第二章时，最好不要把它看作是论述以物易物经济下的价格关系，而要把它看作是描述非货币因素（nonmonetary factors）影响下的价格关系，比如，就是生产要素的供应、收益法则，以及利息。

同样值得注意的是，施特里格尔完全无视了对经济增长和经济生产结构的形成有决定性作用的政治因素。在 20 世纪 30 年代，似乎只有米塞斯敢于大胆地指出，政治组织，比如工会，应为无端地加剧 1929 年的金融危机负有责任。施特里格尔对大萧条和类似情形的典型"施特里格尔式"叙述和解释，也许在涉及货币、价格、生产的关系方面是中肯的，不过还需要由相关政治因素的考量来补充。[22]

当我们更严格地谈论基于资本的宏观经济学时，我们注意到施特里格尔也没有彻底地解构（complete disaggregation）"资本"这一概念。他区分了自由资本、中间产品和固定资本。与先前经济学家对资本的理论性处理相比，这种区分是一大进步，而且这三个概念也比流行于现代经济学的"总需求和总供给"等其他概念要区分得更细。不过问题在于这些概念依然是总量概念，因此会把现实中显然异质的财货 * 作同质化处理。正如米塞斯在《资本与生产》问世几年后所评价的，事实上并不存在自由资

〔21〕 我们在这种背景下观察到，施特里格尔在讨论边际生产力递减规律和成本规律时，缺乏对价值与物质生产力的明确区分。他着手讨论的边际生产力（第 35 页），仅仅是以物体的形式。但是，当谈到成本法则时，他会转向价值形式；目前，他将边际实物产品的支付价格与生产要素的支付价格进行了比较（第 37 页）。然而，既然直到近三十年后，罗斯巴德在《人、经济和国家》提出关于边际物质生产力和边际价值生产力（即边际货币价格生产力）之间关系的第一个令人满意的说法后，我们就可以为施特里格尔开脱了。罗斯巴德还强调，生产要素的价值是边际产品的贴现价值，而不是像施特里格尔（第 53 页）所说的那样，是整个边际产出。

〔22〕 研究示例参见：Murray N. Rothbard, *America's Great Depression*, 5th ed. (Auburn, Ala.: Mises Institute, 2000) and Richard Vedder and Lowell Gallaway, *Out of Work*, 2nd ed. (New York: New York University Press, 1997)。

* 英文为 heterogeneous goods，这里 goods 的概念考虑到在施特里格尔著作中商品理论与之前的区别，故译为财货，以下同。——译者注

本,有的只是具体的、特定的财货。每样财货都只满足一组有限的需要,往往不适合其他用途,或完全无法满足某些要求。施特里格尔想必会同意,把资本的三种形式进一步解构或许会更符合他所采用的方法的精神:先从一般的偏理想化的模型出发,再一步一步地解绑那些不切实际的假设。

以上我们考虑了施特里格尔的分析里一些相对次要的方面。现在我们回转来谈谈他的一些有重要实际意义的观点中的要点。

施特里格尔正确提到了货币计算让市场参与者得以衡量手中拥有的资本数量。不过,与门格尔和米塞斯截然相反的是,施特里格尔坚持货币的作用是"代表"或"对应"资本,而前两人则强调同质和可量化的资本只存在于同样汇总的货币价格里,而且不存在与实体世界异质财货的对应。[23] 总之,门格尔与米塞斯认为同质的资本单位与货币价格及计算的联系是**本体上**的,而施特里格尔则认为它们之间的联系仅仅是**名义上**的。在他看来,实体世界中存在着同质的"资本"单元,并相信货币价格体系只是笼罩在以物易物经济上的一层面纱(第 15、67、72、74、104 页。);同样,由货币计算得出的资本总计只是笼罩在实物资本总和上的一层面纱。

要是用货币计算出的资本能充分代表实物资本的数量,货币就是中性的了,相对于以物易物经济的货币经济也就是均衡的了,也就是说,货币经济与以物易物的经济没什么两样。反过来,要是货币并不能完全胜任代表资本的工作,那问题就严重了,比如商业周期就是货币产生的问题。

在施特里格尔看来,**所有**货币引致的价格变化都会使货币资本的代表作用不准确,因为他潜在地假设所有市场参与者都有一个**静态预期**。因而,当银行凭空造钱,并将其灌水到信贷市场时,"很明显"多出来的信用货币**只会**让银行利率低于均衡状态下的利率水平。市场参与者不会考虑到新钱会导致物价上涨,而会判断物价会维持在原先的水平。因

---

[23] See Carl Menger, "Zur Theorie des Kapitals," *Gesammelte Werke*, 2nd ed. (Tubingen: Mohr, [1888] 1970), vol. 3; and Mises, *Human Action*, chaps. 11–13, 26.

此，债权人一方不会要求更高的(均衡)利率，而债务人一方也不会接受更高的利率。由于物价和利率将不再充分反映资本的真实供给，会有更多的投资项目看起来有利可图，而实际上却已超过现有资本存量的支持程度。于是，人为的“经济繁荣”出现了，而它注定会以一场萧条来收尾。

但是在现实中，市场参与者的预期从来都不是静态的，而是瞬息变化的。企业家的财务核算实质上取决于他们预期的在不确定的未来能够实现的售价。只有在企业家低估了信贷扩张对物价的影响时，信贷扩张才会把利率压到低于均衡状态的水平。只有在这时，才会有更多的投资项目看起来有利可图，而实际上市场上并没有足够的资本存量来维持；只有在这时，才会出现注定悲剧的人为“经济繁荣”。〔24〕

货币影响生产结构的静态预期理论也是施特里格尔分析货币囤积现象的基础。〔25〕在他的理论中，无论是囤积货币还是释放货币，都会干扰货币资本对实物资本的代表作用。释放货币带来经济上行，因为货币将首先出现在信贷市场，从而会降低利率且置其于均衡水平之下；反之，囤积货币则会带来经济下行，因为货币从信贷市场上被抽走，利率被抬到均衡水平之上。因此，货币囤积的增减变化会造成经济的繁荣与萧条(第85、103、108、111页)。

从分析货币的囤积效应可以看出，施特里格尔支持奥地利学派中维塞尔一支的著名观点。在他们看来，货币囤积本质上扰乱了经济均衡，因为这种行为破坏了货币与非货币(资本)财货之间的“对应”。这种对应的

---

〔24〕 对预期在奥地利学派商业周期理论中作用的澄清始于 Ludwig von Mises, *Nationalokonomie* (Geneva: Editions Union, 1940), p. 696, 以及拉赫曼与米塞斯的交流, Ludwig Lachmann, “The Role of Expectations in Economics as a Social Science,” *Economica* 10, no. 37 (1943): 12—23; and Ludwig von Mises, “‘Elastic Expectations’ and the Austrian Theory of the Business Cycle,” *Economica* 10, no. 39 (1943): 251—52.

〔25〕 我们不考虑所有货币都被“囤积”的问题。因此，任何给定的单位货币都不能被囤积得比已经囤积的更多，而这种虚构的增加囤积不能成为价格变化的原因。真正重要的是，人们选择延迟支出或提供较低的货币价格以换取他们想要的商品和服务，或者提供更多的商品和服务以换取他们想要的货币。然而，这种行为不会导致价格下降；相反，它是价格下降的表现。

存在仅仅是因为通过"互补交易"的假设,将货币经济等效于以物易物经济。〔26〕

举例来说,假设在一个以物易物经济里,一个苹果可以交换一个梨。这里,苹果供应所对应的是对梨的需求;反之,梨供应所对应的是对苹果的需求。如今随着货币的引入,直接交换就分裂成两个单独的货币交易:比如,先由一个苹果交换一盎司重的铜币,再由铜币交换一个梨。这两单货币交易合并形成互补交易,实现了与以物易物经济下同样的交易结果。又因为苹果和梨都能交换到等量的货币,对于苹果的持有者来说,一切都好像他在以物易物经济里用苹果交换梨一样没有变化。

论证中的扭曲出自一个假设——货币交换只是笼罩在以物易物交换上的一层面纱。因此,货币并不算是一件商品,货币本身也就不存在任何的供给和需求。在市场上交换的货币仅仅代表它能买到的其他商品。只有这些其他商品才真正对应于用货币交易到的商品。在上面这个例子里,铜币在交换苹果时,并没有被视为一种商品,而仅仅代表梨。在这次交换中,只有梨才真正"对应"了苹果。

从这个逻辑出发,考察单独的货币交换(苹果与铜币的交换)无法得

〔26〕 特别参见:Friedrich von Wieser, "Der Geldwert und seine Veranderungen," *Gesammelte Abhandlungen* (Tubingen: Mohr, 1928); F. A. Hayek, Prices and Production, pp. 118ff.; Fritz Machlup, Borsenkredit, *Industriekredit und Kapitalbildung*; and J. G. Koopmans, "Zum Problem des 'Neutralen' Geldes," in *Beitrage zur Geldtheorie*, F. A. Hayek, ed. (Vienna: Springer, 1933).维塞尔并不是这些观点的创始人,尽管他有助于将它们传播给年轻的奥地利学派经济学家。在维塞尔之前的德国先驱,参见 Wilhelm Roscher, *Die Grundlagen der Nationalokonomie*, 6th ed. (Stuttgart, 1866), p. 446.由于我们在这里不能详细说明,我们只是注意到货币与其他商品之间的对应关系以及补偿性交易的概念是虚构的条件;他们没有可观察的事实或其他证据为此作证。特别是,他们都依赖于可以用货币价格以外的方式进行经济计算的想法。只有在存在这样一个具备参照的情况(tertium comparationis)下才有理由断言货币与其他商品之间的对应关系是否可能存在。然而,由于货币价格的加减是经济计算的本质(See Mises, *Human Action*, chaps. 11—13, and 26),这种说法毫无根据。此外,声称货币价格并不真正与所购买的商品相对应,而且对应关系总是立足于易物交易中,内在地否认了货币是一种商品。最后,正如我们之前所指出的那样,市场参与者的成功以及经济的均衡完全取决于他们对未来的预期的正确性。这些预期确实能够应对条件的变化(如囤积),它们可以及时调整,甚至可以提前预期到未来的变化。因此,没有理由认为囤积本身就会破坏经济均衡。关于最后一点示例,请参见:Mises, *Human Action*, p. 578; and Rothbard, *America's Great Depression*, part 1.

出苹果的供应是否有着对应的需求,必须等到互补交易形成后才能得知。不管怎样,在以物易物的经济里,供给和需求始终必然会两两相对,而在货币经济里这种对应也许并不成立。比如,我们假设出售苹果的一方并没有用得到的一盎司铜币去购买梨,而是把铜币囤积起来。在这种情况下,根据维塞尔派货币经济学家的理论,就会引发由货币导致的经济不均衡。如哈耶克所说:

> "供应等同于需求,或需求等同于供应,两者的同一性必然存在于以物易物交易中,然而一旦货币成了交易的媒介,同一性就不再存在。(问题就产生了),在以物易物的交易被分割成两个独立的交易过程后,一单交易未必与另一单交易形成互补交易。在这个意义上,需求未必会有对应的供应,而供应也未必会有对应的需求,最明显的当属当囤积的货币被投放到市场上(比如现金余额的减少)、当卖出商品所收来的货币没有立即被消费、当额外的货币进入市场,或当货币被销毁时。"[27]

哈耶克曾断言,"如果要维持货币相对于价格的中性地位,货币流通速度的任何改变必然需要货币数量的相应改变来补充",以上这段就是哈耶克这一结论的基础。[28]

施特里格尔从这个理论出发,得出了他的终极结论——对自由市场下的商业周期现象进行的解释(第 107 页)。在商业周期的市场萧条阶段,市场参与者逐渐囤积货币,而在这个阶段的终点,囤积的货币被释放进入了流通领域,再度扰乱了货币资本与实物资本的对应关系。此时,必然会出现一个新的繁荣阶段,也注定会以另一场经济萧条结尾,这就是自由市场,在经济上行与下行之间来回机械地摆动。

这些关于货币囤积意义的观点解释了为什么施特里格尔没有和米塞斯一样明确地反对"额外信贷",这些"额外信贷"是由银行创造出来的形

---

〔27〕 Hayek, *Prices and Production*, p. 130.

〔28〕 Ibid., p. 124.

式货币,没有真实的储蓄作为担保。[29] 施特里格尔指出,额外信贷涉及"信贷扩张",推动利率低于均衡水平,带来繁荣与萧条周期。然而,他认为额外的货币同时也有益处,甚至是必要的,因为它能补偿由货币囤积导致的货币流通量的改变。这些"补偿性信贷"使信贷体量更有"弹性",也因此有助于维持货币的均衡状态。[30]

施特里格尔的这一关于货币与信贷的观点,其意义之一就是在理论上存在着消除周期的经济政策,包括创造补偿性信贷。施特里格尔肯定了额外信贷的意义,不过紧接着他就指出,这种政策只存在于理论上,因为创造补偿性信贷存在着无法逾越的现实障碍。他提到了货币管理当局的信息获取问题。因此,尽管他不同意米塞斯以及后来的论述者否认消除周期政策的可能性,但是在具体施政方略上,他们的结论还是非常接近的。

七

以上的评论是在一些细节上强调了施特里格尔对资本、价格及生产做出的分析。无疑,我们无法用这篇短文把他的详尽分析一一道来,基于资本的宏观经济学研究者还当自行深入通达。回报会相当丰厚,毕竟,《资本与生产》是一本经得起时间考验的古典经济学文献。

感谢为英译本做出贡献的诸位,是他们的辛勤劳动使本书的英译本

---

〔29〕 Mises, *Theorie des Geldes und der Umlaufsmittel*, 米塞斯称此类信用为"Zirkulationskredit"(流通信用或信托信用),并在此著作及其所有后期著作中拒绝了它,尽管只是在 20 世纪 40 年代,他才彻底解释了为什么不存在"补偿性信用"这样的东西。关于米塞斯货币思想的这一发展,参见 Joseph T. Salerno, "Mises and Hayek Dehomogenized," *Review of Austrian Economics* 6, no. 2 (1993): 113—48.

〔30〕 今天仍然保持着非常类似的观点,著作例如 George Selgin, *The Theory of Free Banking* (Totowa, N. J.: Rowman and Littlefield, 1988); and Leland B. Yeager, *The Fluttering Veil* (Indianapolis, Ind.: Liberty Fund, 1997). 事实上,塞尔金是当代维塞尔式货币和银行业分析方法的知识继承人。他的主要论点是,没有央行的银行系统最适合根据需求调整货币供应量。对这篇论文的批评及其引用的文献,参见 J. G. Hulsmann, "Banks Cannot Create Money," *Independent Review* 5, no. 1 (2000): 101—10.

甚至比德文原版更为出色：感谢霍普教授夫妇的翻译，感谢杰弗里·塔克先生(Jeffrey Tucker)和拉里·西克里斯特教授(Larry Sechrest)对整个手稿的仔细校订，感谢理查德·佩里先生补齐索引，特别感谢米塞斯研究院的大力资助，使得重新发现施特里格尔成为可能。

约尔格·基多·许尔斯曼*
(Jörg Guido Hülsman)
2000 年 8 月于阿拉巴马奥本

---

* 约尔格·基多·许尔斯曼是路德维希·冯·米塞斯研究院的高级研究员。

前　言

接下来关于资本在生产中的作用的研究，是基于迂回生产方式的更高生产力法则，以及与其紧密相关的工资基金理论。它所源自的命题无外乎大家熟知的经济理论，因此，我们的任务并不是在资本理论领域现有的定理中添加新定理。首先，我将从相对广泛的一般基础出发，寻求深入探讨上述两大理论，并将资本理论整合进宏观经济学。进一步说，我对那种相当严格的资本概念持相反观点，我特别倾向于将资本解释成在永恒的投资过程中得以雇用和释放的东西。所用到的方法是严格的经济理论。出于这个原因，除了要了解一些经济学基础知识外，要理解我的论点，得预先假定读者具备抽象思考的能力和意愿。我必须在此强调这一点，因为，或许比通常做得更多，我反复立足于简化的假设，这些假设的有用性只能在回顾中显明，一旦最一般的关系的知识可用于解释更复杂的事实。因此，同样显而易见的是，这种经济理论方法也预设了读者有能力和意愿克制做价值判断，克制单独地探究关系。关于这里讨论的主题，需要明确指出，研究资本在生产过程中的作用与捍卫任何特定的经济组织形式无关。虽然今天——也许不仅仅是出于怨恨——当前的经济失序让资本的利润利益经常被指责损害经济，从以下研究中发展的观点来看，可以说，在交换经济的过程中，资本只能被视为消费品生产过程中的一种从属手段。如果刚才的指控成立，它只能是在一些制度安排下成立，而这些给予了一部分资金特权的制度安排并非是交换经济的重要组成部分。这种特权利得情形是，其资本主张那种在经济中本来可以实现的目标应该从属于其自身利益。这与我的研究主题无关，但我无法避免偶尔对这种关系做出非常简短的评论，但却没有因此详尽地讨论这个庞大的深层问题。

就研究呈现而言，在分析使用货币和信贷的经济之前，有必要首先分析易货交易。在这样做的过程中，我无法避免偶尔超越分析生产过程的狭隘领域(难免会涉及货币。——校注)。对于第二章的第一部分尤其如此。在这里，我必须遵循从生产资料供应的分析到边际生产力法则的推导的整个过程，因为我这样做是为了寻找一个一般原则的论述，此论述也可以应用于资本理论。我认为，只有在这一点上，呈现的简明性才能符合在一个坚实基础上构建完备系统的需要。除此之外，可以说我的调查只考虑了一个广泛的问题领域，它不应该因为忽视了其他问题，或者没有讨论低抽象层次的特殊问题而受到指责。

里夏德·冯·施特里格尔

1934年3月于维也纳

目　录

第一章　资本形式生产

1. 生 产 要 素

由于大自然无法为人提供生计所需的一切，无法满足人更高层次的需要，人必须不断努力去生产消费品。欧根·冯·庞巴维克将生产过程确切描述为人的劳动与自然馈赠之**结合**。人力资源与自然资源并非丰富到能满足所有的需要（并且，资源相当稀缺），因此它们成了"节省"的目标；也就是说，在使用这些生产要素的时候，人们会寻求那些能带来最大可能回报的支出，会避开那些无法保证实现预期结果的支出。从经济史看，毫无疑问，生产增长出奇迅猛，尽管实际上大自然提供给经济的优质资源只是有限供应：其最好的土地、最好的原材料。很多东西对生产增长做出过贡献。最主要的是自然规律知识的日积月累，使得生产上新技术的不断发明成为可能。与之平行的是，用种种方式聚合一定数量的劳动者的工作对这种优势的逐步利用，尤其是通过劳动分工的方式——将工作拆分同时又整合生产操作，成功地促进了生产。最后，极为重要的意义在于，人能动用生产过程中以"资本"这个词来确认的元素。

劳动力与土地（就优质资源而言并非无限量可用）被称为原始生产要

素，这是相对于资本这种产就的生产要素而言的。不过，只要人们接受这种表述，人们就会意识到，每当雇用资本时，绝不是在雇用一个新的生产要素，而是在以特殊方式来使用原始生产要素——因为资本只能由原始生产要素产就。每当我们谈及生产资本时，我们必须考量原始生产要素的使用，必须考量是在何种境况下使用原始生产要素及其使用效果。牢记这最明显的一点，我们就可以轻易地避免因误入歧途的猜测而导致的很多错误。紧接着要看清资本最初与货币毫无关系："货币资本"只是货币经济中的一种关系表达。[1] 资本也不可能是哪种特定的社会组织所特有的。只要生产是以特定的方式使用原始生产要素，那么生产就在"雇用资本"，或者生产就是"资本形式生产"，无论是否以"资本主义的方式"来组织生产，即通常意义上基于私有权的资本主义。最后，更不用说资本被构想为存在于实体世界之外的生产力量，被构想为生产成果的一种假想基金或类似的东西。对经济理论而言，误入歧途是最危险的。

接下来的讨论将从大家熟悉的学说入手，首先解释资本雇用型生产的本质。我们会对这些学说稍做拓展，这些拓展仅用于为我们讨论市场经济现象奠定基础。鉴于此，有些需要用完整的资本理论来解释的，只有放到后面去讨论，所以，接下来要看到的只是市场经济的一部分。

2. 迂回生产

劳动力可以用于直接获取最终产品。自威廉·罗雪尔(Wilhelm Roscher)时代以来反复引用一个恰当的例子：一个国家的渔民直接凭体力去捕鱼。要是渔民能造船、能制作其他渔具的话，其生产力会提升一个档次。如此一来，劳动力得先用于生产这些"产就的生产要素"，更大的回报能使这些付出不至于是徒劳。这一结合劳动力与自然果实(自然资源)的过程的本质被(杰文斯和庞巴维克)刻画为耗时迂回生产方式。

[1] 该公式不排除生产结构的变化可能会受货币方面的影响。稍后将对此进行更多说明。

在这里,渔民面对着增加产量的任务。通过雇用更多的劳动力,这种增产是可能的:如果人口增加,人手增加可望带来更大收获(假定鱼是充足的)。不过,我们关心的是劳动力不变而增加回报的另一种方式,即选择迂回生产方式。劳动力将不再直接用于获取成品的"即获生产"(momentary production),而是转用于迂回生产方式中。劳动力将首先用于制造生产要素,有了生产要素的帮助,外加劳动力的帮助,成品可得。尽管这种生产方式与"即获生产"的情形相比能带来回报增加,但是从最初投入劳动力到获得最终产品的整个过程将经历更长的时间。不仅是在近现代,自打人类最原始的文明兴起以来,几乎每一项生产活动都在采用迂回生产方式进行;人们吃的、用的,几乎没有哪样东西不是采用迂回生产方式获得的。

综述如下:生产回报的增加,不仅可以通过增加生产要素来实现,而且可以通过延长迂回生产方式来实现,也就是使用相同数量的生产要素,而使最初雇用劳动力与最终获得成品之间的时间更长。这个提法好比说:牺牲时间以换取更大产出。

关于这个论述,应该指出的是:

(1) 并非每一种迂回生产方式的延长都必然带来产出的增加。相反,在延长迂回生产方式的所有可能途径中,人们必须做出"明智选择"(庞巴维克),才能找到那些可以增加产出的途径。

(2) 延长迂回生产方式意味着生产要素没有被直接且毫无延迟地用于产品的创造,而是首先被迂回用于创造中间产品,接下来的结果才是最终产品(通常还需要额外的生产要素的帮助)。随着选择额外的迂回生产方式,从雇用生产要素到获得最终产品之间的时间长度增加了。迂回生产方式的延长,发生在每一次使用生产要素的时间起点被推移到生产过程中更早的时点。

(3) 增加回报被视为在耗用生产要素的多少与产出产品的多少之间获得更加有利的比率。因此,每个生产要素获得更多产品是延长迂回生产方式的一个结果。要想清晰地做出计算,我们只有从考量单一生产要素着手,比如相同品质的劳动力耗费。只有这样我们才能将所用生产要素的数量进行加总,并与产出进行比较。使用不同类的生产要素则是一个问题,即便如此,我们将找出一个简单公式,也允许在耗费与回报之间建立关系。

(4) 随后我们必须证明,随着迂回生产方式的不断延长,其产出总是增长得更慢。这里仅作为一种提法;在我们从其应用中得出结论之前,我们需要证明这个命题。

迂回生产方式的更高生产力法则可以在经济现实中毫无困难地得到验证。毫无疑问,生产不断地采用迂回方式,并且总是采用加长的方式;没有谁乐意采用耗时的迂回生产方式,除非结果是增加回报。〔2〕从纯粹的经济角度来看,人们通常呼吁改进生产必然是指延长迂回生产方式,除非它完全可以归因于分工的进步或者技术知识的进步。例如,当农民生产谷物——其生产过程的长度取决于谷物的自然成熟进程——还有农民使用的化肥,因此,农民利用了"此前已做出的"劳动来增加其收成。农民在生产过程中使用的东西,是此前消耗原始生产要素所得到的成果。每当农民在生产中使用机械时,迂回生产方式同样得以延长,因为此前消耗的生产要素借此可用于当前生产。如果汽车是在流水线上(大批量生产)组装而不是在单件生产的车库中组装的,那么机械会再次被广泛用于生产,此前消耗掉的生产要素只在后来出成果。为什么都这样干?很简单,因为延长迂回生产能使产量增加。

可以清楚地看出,这种改变生产过程的本质并不在于使用更多或不同的生产要素。的确,在某种意义上,所用的其他生产要素是先前劳动的成果(化肥、机械等),但它们不同于早先单独使用的生产要素。不过,我们不应该将自己局限于纯粹的技术观点。这些新的生产要素也是先前已使用的劳动力和自然馈赠的成果。如果人们认为这些生产要素是使用原始生产要素的结果,那么,这一过程的本质在于这样一个事实,即这些原

〔2〕 参看第48页及之后几页和第76页及之后几页关于生产要素之间合作的讨论。

始生产要素被用到了较早的时间点。任何人都不应该混淆迂回生产中的两种情况：在生产中使用机器，以及在没有改变迂回生产时间跨度的生产中增加原始要素的数量。

有些人选择用“资本”这个词来确认迂回生产方式中出现的“产就的生产要素”。那么，迂回生产方式的更高生产力被简单表示为：雇用资本(以前消耗的原始生产要素)增加生产产出。我们不希望由于过早地引用这个含混而有争议的“资本”概念，冒险地把我们的解释建立在不牢靠的基础上。出于这个原因，我们将避免使用“资本”这个词。每一使用资本的生产过程的本质得以成立，只是因为先前利用原始生产要素产就的东西，现在能用于进一步的生产。我们现在来关注旨在以后获得成品的较早使用生产要素的可能性问题。因此，忽略任何与先入为主的资本概念有关的东西，会利于我们对资本作用的阐述。只有弄清楚迂回生产方式中的资本功能之后，我们才会确认资本概念的定义。

3. 迂回生产的长度

我们假设某国的生产必须彻底重建。除了赤手空拳的劳动力以外，人们唯一可用的生产要素是大自然提供的。现在，如果要按迂回方式进行生产，假设其耗时为期一年，那么不言而喻，除了这些原始生产要素之外，迂回生产启动的前提是：有个维持生计基金(subsistence fund)能撑上一年以确保人们的营养和任何其他需要。人们总是乐意尽可能地延长迂回生产方式，因为每次“明智选择”延长迂回生产方式的结果都增加产出。然而，由于维持生计基金的有限性，迂回生产方式可以延长的程度是受限的。该基金越大，迂回生产要素就能被延伸得越长，产出就会越大。

显然，在这些条件下，迂回生产方式的“恰当”长度取决于维持生计基金的规模或该基金够撑多久。要是维持生计基金够撑一年，而我们只启动一个较短的迂回生产方式，那么实际产出就会比应有的产出小。不过，要是迂回生产方式过长，那即便无间断运行也无法完成。这里提一下出现的可能性。要是尝试启动为期两年的迂回生产方式，一年后人们意识到，要是再有一年时间，已生产的半成品就可以获得更大的产出，但是第二个年度已经没有剩下任何东西来维持生存，迂回生产方式因此无法继续。人们不得不过上“勉强糊口”的生活，日复一日疲于应付“即获生产”能产出的那点东西。[3] 要是迂回生产方式相对于这片大自然馈赠的财富过大的话，实际产出自然比应有的产出小；甚至可能小到无法养活人口，其中有人会饿死。然而，停止过长迂回生产方式在此并不是完全唯一的可能性。要是人们及时意识到维持生计基金即将耗尽，(这里忽略维持生计基金耗尽中扣减配额的可能性)还是可以尝试缩短已经启动的迂回生产，以便获取尽快的收益。尽管这收益比理想、顺畅的迂回生产方式的收益要小，但它仍然会比靠即获生产带来的收益要大。可以设想，迂回生产方式的缩短，使得部分(可能约一半)已经开始的生产继续，而另一部分生产停止。靠着增加使用原始生产要素，尤其是增加使用人力，得以继续的迂回生产完工更快。我们将在稍后详细论述缩短迂回生产的过程。这里我们只给出一个极简概要。显然，我们还必须回答缩短迂回生产方式如何在**技术上**可行，即缩短一个已经在进程中的迂回生产方式是否可以办到，如何办得到。[4]

我们必须牢记，在迂回生产方式期间，支撑人口的维持生计基金的规模决定迂回生产方式的长度。迂回生产方式产生问题的原因显然与必须持续养活人口有关，而原始生产要素的耗用，就其发生在耗时的迂回生产

[3] 即使是“即获生产”，也是一个发生于时际的物理过程。然而，迂回生产方式持续进行的那段时间是“经济意义上相关的”；也就是说，正如前面所解释的那样，从引入原始生产要素到产品实现之间的时间，只能通过供给现成的生活资料才能弥合。

[4] 为了纯粹的理论分析，必须在“即获生产”与仅仅缩短迂回生产方式之间划出界线，“即获生产”使得迂回生产方式的延续完全停止。在实践中，即使是使用半成品的前一种情况，在某种程度上也是可能的。然而，对我们来说，鲜明的理论区分是重要的。缩短迂回生产方式，在一定条件下是可以维持缩短的迂回生产方式的，而在这个过程中使用半成品，我们在这里称之为即获生产，在一个尚待描述的意义上，必须被视为资本消耗。

方式来说，只是后来以生活资料形式提供回报。

现在有必要对我们的例子稍做改变，并想象一幅能够更清楚地反映真实经济状况的图景。我们要牢记上面的例子，将迂回生产方式的长度问题一直挂在心上。如果我们想将刚才提到的生产特性用图形表示出来，我们会将时间长度画成直线，其生产消耗依次地投入迂回生产中。生产从某个时间点开始。时间 t 结束表示生产完成（t 或许为 1 年[5]，前面例子有提及）。所有原始生产要素在这期间被耗用，产品在单一迂回生产过程中生产出来。有了这些产品，经济体获得了新的维持生计基金，时间 t 结束后，同样的迂回生产方式重复进行，重复带来新产出。没有必要在时间 t 之后要求获得的维持生计基金再去满足同样长的时间，即没有必要要求它至少与最初的基金一样大。不过，这个将放到后面去解释，我们将结合支出（成本）与收入的关系讨论来解释。这里我们先绕过这个问题。

现代生产的实际情况跟这个简单的例子相比，在许多方面有所不同。不过，通过整入一些进一步的假设，将这个刚构造的简单模型进行拓展并不困难，最终它所呈现的形式将清晰地在本质上解释了当今生产的现象。

我们的概括现在还是一个很不现实的假设，我们假设举国的生产从同一时点重起，假设生产自始至终利用给定的维持生计基金来开展。实际上，我们总是看到几个生产过程同时发生，各个生产过程在不同时间点结束。我们想以完全程式化的方式将"同步生产"[约翰·贝茨·克拉克(John Bates Clark)]这一事实纳入我们的模型。因此，生产不会在单一的过程中发生，而是假设被等分为几个部分，如时间框架 t 中这样（例如 1 年）将完成 6 个独立的生产过程。每个生产过程——我们将再次假设以简化问题——在同等长度的迂回生产方式中生产相同种类的产品，并且每一生产过程在结束后又重复。此例表述如下：

---

〔5〕 然而，最好不要因此想到为期一年的农业生产期限。这是因为即使在这里，迂回生产方式实际上也可能更长——这是由于先前消耗的劳动力所致。

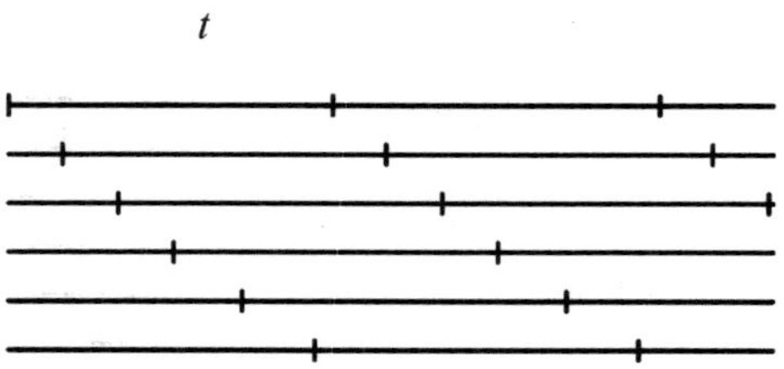

我们在这里对维持生计基金的作用感兴趣。显而易见的是，在完成每一生产过程时，必须考虑要有约合第一种情形所需维持生计基金 1／6 的维持生计基金可用，也就是单一的不间断生产过程所需维持生计基金的 1／6。这样，在整个时间 t 期间，可用于人口的维持生计基金大小会与第一种情形的大小相等。然而，在完成 1／6 的生产过程之后，无须迫于动用全部维持生计基金的原因在于：除了过程终了的维持生计基金外，还存在五个未完成阶段的维持生计基金，它们的完成程度不一。在实施单一过程的生产中，我们看到，在开始时具有一定规模的维持生计基金，在迂回生产方式期间持续减少，直到最后完全耗尽。与此同时，新的维持生计基金在增长。尽管在当前分析的情形中，生产结束时可用的新维持生计基金只有原先大小的 1／6。事实上，这是一种补充，由于一个待完成的同等规模的维持生计基金已经存在于相当成熟的阶段，它可以在现有基金用尽之际立即补充上。

在分析更现实的情况之前，我们想指出对于迂回生产方式来说很重要的东西，这些东西我们将放到后面去理解。在这里我们暂视其为理所当然。

这个含有六个部分的生产过程，各部分相互衔接，并能够随着时间的推移而进行，是因为**只有在每一个部分完成时，人们获得的维持生计基金都用于启动新的生产**，即“支持”这个生产过程。[6] 此刻，我们考虑生产过程涉及迂回生产方式，而不考虑特定的社会经济系统，只因为需要意识到维持生计基金在进一步的生产中发挥作用的形式有很多种，这取决于

〔6〕 我们想在此处使用前面提到的表达“支持”作为专门术语。稍后将表明，由此描述的这种过程在货币经济中被称为“融资”。

社会经济秩序的情况。如果这种生产是在中央计划经济的经济独裁者的统治下进行的,他将把这个获得的维持生计基金分配给该国的人们,但他也会确保他们继续工作。另一方面,如果在基于分工的市场经济中,生产是由多个独立的企业家指导的,他们获取生产要素是为了制造他们的产品,那么这种生产想要继续,就只能是在从生产中获得的消费品足以"买到"所需的生产要素的情况下。无论社会经济秩序如何,如果曾经获得的维持生计基金用尽,继续生产将会中断:这表明在耗尽维持生计基金后,无法进一步提供生活资料。我们用一个简短的公式来表述这个不言自明的命题。只有将每次获得的维持生计基金用于支持另一个迂回生产方式,生产才能持续。能够让生产可以继续进行的,不是维持生计基金本身的存在,而是维持生计基金的使用方式:它不能以"纯消费"的方式使用,而是以"再生产性消费"的方式使用,维持生计基金的消耗使得进一步的生产也得以同时实现。

有了这个公式——稍后我们将带着不一样的理解来回顾它——我们已经指出了两个观点来描述维持生计基金在迂回生产过程的框架下的功能。首先,必须有适合于实际养活人口的产品;其次,这些消费品必须以这样一种方式使用,即在耗用的同时确保以后获得新的消费品回报。

现在我们可以来进一步扩展我们的解释模型。只需做些简短的补充,这些补充不会显著地改变到目前为止提到的任何内容。即使我们舍弃前面做的在整个生产过程中互相衔接的每个生产部分都生产同类产品这一假设,本质上我们的解释也不会有任何的改变。在我们的图表(第 8 页)中,我们可以想象把许多不同的迂回生产方式安排在六个集成的迂回生产方式的不同位置上,每个生产方式都生产不同的产品。而且,我们可以很容易地假设各种生产过程中迂回生产方式的长度也会不同。在某些生产过程中进一步扩展迂回生产方式之后,情况可能确实如此,这取决于生产力细化的程度。稍后将对此进行更多说明。维持生计基金与迂回生产方式的不变关系可以从两个方面确立:一方面,用来支持迂回生产方式的维持生计基金需要足够的规模和适当的构成;另一方面,只要维持生计基金的规模允许，迂回生产方式就可以延长。最后，我们要在论述中提及这样一个事实：生产在实践中经常被分割，甚至在大多数生产过程中，产品在非常短的时间内完成；许多产品一天就能完成。而有的生产对于补足维持生计基金需要较长的时间间隔，一般这样的生产是跟随季节的节律，或者其产品需求随季节而变化。

让我们再次回到对一个简单模型的考虑。我们假设，在迂回生产方式的总长度为1年的情况下，每周都有等量的产品完成。结果将是，可用于继续生产的维持生计基金的规模减少到一星期的需求量。除了维持生计基金外，我们总能找到处于各个成熟阶段的未完成产品。未完成产品将以这样的方式供应于生产，即在接下来的每一星期都能完成一笔足够一周所需的维持生计基金。每次，经济体所需的成型可用的维持生计基金都减少到最低限度。然而，即使在这种情况下，显然只有再度利用这笔维持生计基金，这样依次衔接的各部分生产才能不间断地进行。将生产根据时间划分为多个同步生产的过程越精细，所需要完成的维持生计基金的规模就越小。与各个成熟阶段的财货总供应量相比，随时可用的维持生计基金的重要性将进一步降低。但请注意，维持生计基金的功能并没有发生任何变化。保持迂回生产要求定期产出消费品基金，以用于进一步支持这种生产。

现在我们的论述要进入下一个决定性的步骤。到目前为止，我们假设迂回生产方式总是采用原始生产要素，并且在产品完成之前连续花费劳动力，每次都从头重复这一相同的迂回生产过程。这种生产方式绝非是不实际或不可能的，但是效率很低。例如，为了在制造消费品的过程中使用机器，我们只有现在开始去生产铁。只有恰逢下一个迂回生产方式处于同一阶段时，铁的生产才能重新开始。因此，用于不同生产过程中的原材料能够持续地被生产出来，这对生产过程的集成(同步)是一个很大的优势。单个的迂回生产方式因此涵盖了不同的企业，可以说，每个企业都持续地为每一个迂回生产步骤做贡献。

现在我们必须考虑到这样一个事实：几乎每个企业都或多或少地在

使用产就的生产要素来支持大批量生产过程。最初,单个迂回生产方式的设想是基于雇用原始生产要素的方式。随着额外原始生产要素的消耗,这样产生的“中间产品”被转化为成品;因此,各种中间产品仅为**单一的**生产过程而生产。现在情况发生了变化,从现在开始,“耐久生产要素”将被生产出来。与我们此前所说的维持生计基金相比,这种产就的生产要素是人们在讨论如何处理生产问题时常常谈论的主题。但是,我们很快就会看到,必须同时考虑两者才能理解迂回生产现象,这两种情形下,我们最终面对的是同一个问题。

4. 相对耐久的生产要素

迂回生产方式的本质已可以清楚地看到。想象一下,人类劳动力使用的原材料,随着进一步的劳动,也许还有其他自然资源的帮助,及时转化为最终消费品。一旦转化为成品,生产要素的支出对于进一步生产而言便不再产生其他结果。在产品生产的各个阶段中,原材料逐渐成形并变成了最终消费品,生产过程得以完成。

目前这个观点还不完整,因为它忽略了一点:通常,生产过程中产就的生产手段仍然可以用于进一步生产。即使在最原始的生产过程中,所用工具的使用期限也比单一的成品制造过程更长久一些。在现代生产中,通常被称为“机器”的这种生产要素的使用是最重要的。有必要再次强调,迂回生产的本质并不依赖于这种“产就的生产要素”的使用。每一个生产过程,从离开“靠体力糊口”的阶段,到开始“牺牲时间”来“等待”原始生产要素成为最终产品,都因为一个事实,即生产的目的是满足人的欲求,而且生产的合理性只能用满足人的欲求这一点来证实,这取决于生产过程与持续为人们提供供给这一框架的融合程度。这样的生产过程在技术上可能是“正确的”,甚至是最好的,但如果它的结构安排无法适应现有可用的以及即将成型的生活资料的稀缺、无法结构化,那它在经济上就是低效的或不可行的。如果今天使用原始生产要素,以后才提供消费品回报，如果在完成这些消费品之前没有任何可用的必要供养，那么引入这个生产过程就必然是错误的。在采用原始生产要素以便将来实现成品的过程中，耐久生产要素的生产只是一种特殊情况。这种情况本质上仍然是使用今天可用的原始生产要素来实现获得未来收益的目的。其特质只在于，在生产“机器”时，相对大量的原始生产要素被耗用（“投入”），而在此后一段较长时期，只要使用相对少量的额外生产要素以及机器成效，就可以连续产出获得相对大的收益。越多的原始生产要素被投入这种耐久的生产要素的生产中，待投入的消耗品与回报之间的关系的变化就越大。构建这种迂回生产方式有着被广泛认可的优势，即相对于原始生产资料的投入，回报可以非常显著地增长，那么很明显，这里没有什么比用这种更长的迂回生产方式更好的选择了。[7]

我们现在必须要问：对于将这样的生产过程融入“正确”结构化生产系统的框架中，有哪些一般性考虑是重要的？当我们在这里呈现一个基于迂回生产方式的相当大规模的延伸，那么显然和以前的情况一样，决定性的约束就是可用的维持生计基金规模的局限，它需要从最初投入生产要素维持到最终产品的获得。

生产更多数量的耐久生产要素需要相对大规模的维持生计基金。在投资期间，只可能靠先前创建的（或者逐步成型的）维持生计基金来支撑人口。不过，投资一旦达成，对于完成现在可行的生产目的，只需要相对短的时间。曾经达成的投资代表着这个经济体的财富，预示着在未来使用较少的额外生产要素就有可能获得相当大的回报。因此，这种对耐久生产要素的投资似乎是一种独立的生产要素。它是增加生产的手段，并独立于原始生产要素而存在。一种新的、独立的第三种生产要素至此被创造出来。它的创造取决于这样的事实：之前有可用的维持生计基金允

---

〔7〕“生产时间”，即将材料的各个部分加工成成品所需的时间，它通常会随着耐久生产要素的使用的增加而缩短。如果在这里寻求与迂回生产方式的长度的关系，那么可以说生产过程的长度通常会更短，只要迂回生产方式的长度越长，也意味着更多的耐久生产要素在被使用。我们参考了庞巴维克关于缝纫机的著名例子，在最近的发展中已经看到生产时间的缩短频频发生。

许这种生产要素的获得。不过，一旦这个耐久生产要素可用，它就会作为持久助力被派上用场。

在这里有必要指出，投入到产就生产要素的所有投资形式，其所谓的耐久只能看作**相对耐久**。它们肯定比单个生产过程更长久，进一步的投资将带来更大产出。然而，每一次这样的投资都将在某个时刻用完。[8]重新创造这样的投资，将又只能在新的维持生计基金可用的情况下进行，使得再投资的这段时间获得充足的支持。或许我们可以想象——继续忽略生产同步的问题——一个大规模的维持生计基金最初使机器的大量投资成为可能（“耐久”投资），那么拥有这些产就生产要素就能为人口持续地提供充足的供给，直到最终整个投资耗费，再无用处。进一步，如果要继续保持与之前对人口的同样充足的供给，就只能是在已经积累了充足的“更新基金”(renewal fund)，也就是在重新制造耐久投资要素的（以及其第一批产品生产的）这段时间内供给人口的维持生计基金的情况下。如果缺少这种更新基金，人们只能依靠极低限度的供养回到即获生产的阶段。如果维持生计基金规模过小，则可能过渡到这样一种生产方式——其所需的耐久生产要素较少以缩短迂回生产方式，而这种生产方式也只能带来较低的收益。

这个古板的模型只能用于说明更新基金的作用。在以迂回生产方式生产耐久生产要素的生产系统框架内，要想保持**连续**获得消费品，前提是产就产品的相应部分要不断地承担更新基金的职能。在这个持续提供的更新基金的帮助下，必须重新获得所有那些产就的生产要素，以替换用完的投资。我们将提出一个高度抽象化的例子。

在一个经济体中，几个工厂每周都会生产一定数量的各种生活资料配额（从最广泛的意义上理解这个词）。为了连续生产，工厂需要使用劳动力和原材料，这些原材料首先是直接从大自然中获取的，然后是经其他工厂加工转化的。我们将在这里假设，在所有这些生产最终消费品和生

[8] 此处所需的限制将在脚注13中讨论。

产原材料的工厂存在(相对)耐久生产要素的大量投资。因此,在目前的生产过程中,除了生活资料的生产,现有的耐久投资品的生产也是必要的。我们还假设这种情况发生在工厂,这些工厂仍然要使用大量的以产就的生产要素为形式的投资。

我们要问自己的问题是:如何使用定期再产出的维持生计基金(特定数量的每周生活资料份额),以便生产能保持不间断?维持生计基金仅仅用于供养人们生活所需,但随着维持生计基金逐渐用光,生产的持续必须通过上述的“再生产型”消费来实现。很明显,我们必须区分使用维持生计基金的不同方式:

(1) 维持生计基金必须支持参与生产成品的每个人。

(2) 维持生计基金必须支持参与生活资料工业原材料生产的每个人。

(3) 维持生计基金必须支持参与机器(相对耐久的生产要素)生产的每个人,这里的机器包括直接用于消费品生产的机器,以及用于先于消费品生产的生产过程的机器。

(4) 最后,维持生计基金还必须支持参与机器工业原材料生产的每个人。

因此,消费品的生产也必须“支持”(供养,原文 *alimentieren*)生产中耐久生产要素的创造及原材料的获取,也就是说,**它必须用消费品来供给这些本身并不生产消费品的生产过程,它必须提供必需消费品**给受雇于这些生产过程中的人。当然,这种支持所采取的形式取决于经济体系的组织。在与我们相关的、基于劳动分工的市场经济下,这个过程会以交换的形式进行,由此,生产最终消费品的工厂主从其生产收益中,首先支付给为进一步生产提供原始生产要素的每个人,然后支付给供应其原材料的每个人,最后支付给更新其机器库存的每个人。接下来,机器制造商能够开始“运作”他通过销售其产就的生产要素而获得的基金。通过该基金,机器制造商依次支付给为他提供原始生产要素的那些人,向他销售原材料的那些人,以及为他替换机器的那些人。以同样的方式,原材料生产商会通过销售产品获得的消费品基金来支持其生产。那就是最简单的模型。所有这些交换行为也可以通过中间商之手。特别是，雇用中间商常常可以帮助缓解交易的不连续性。因此，一个企业家此时或许尚不需要替换其机器[9]，但为了以后能够用这个更新基金来“支持”更新其设备，他已经不断拨留其部分产品，而且不必以其原本状态来存留这份维持生计基金。他可以把它转移给以后定能归还这笔维持生计基金的人；从这一点开始——当然，没有必要返还一模一样的——这个维持生计基金可以暂时(可能在进一步交换的过程中)用于支持另一个生产过程，其产品以更新基金的形式按时返还给最初拨留这一维持生计基金的人，这样的安排也是可行的。我们也可以想象，一个维持生计基金从消费品行业转到了上游原材料生产阶段，其产出正好是消费品行业在将来所需要的。在上游的生产阶段完成后，消费品行业会获得他们现在所需的原材料成品(或在另一种情况下的机器)，而不是更新基金了。在货币经济中，如果这一过程最终隐藏在“货币面纱”背后，情况也没有什么不同；即使那位积累了更新基金的企业家并不知道他收到的已经存入银行的货款代表着一份“维持生计基金”；即使一个从银行借款的人并没有意识到他在提取一部分由经济体的另一个地方产生的维持生计基金，也没有意识到当他偿还贷款时，他也是在提供一份更新基金或者由这份基金资助完成的什么产品，情况都没有什么不同。但是，我们首先要关注的是清楚地呈现真实商品领域中出现的那些过程。

必须牢记的是，经济中对耐久生产要素的全部投资，**只能在源于消费品行业**的更新基金的协助下得以再造，就像目前单个生产过程的延续一样，只有在此过程期间所需的维持生计基金可用时，才能实现从原材料获得到消费品完工。如果最后提到的这个过程对应于我们之前讨论的生产过程的例子，过程中原材料被逐步加工为成品，既没有生产耐久生产要素，也没有维持生计基金支持这一过程，而在另一平行的过程中，我们可

---

〔9〕 应该更准确地说明：对于其更新而言，尚不需要任何劳动力支出。一般而言，第一阶段的再生产过程必须远远早于实际需求的时刻开始。

以看到，旧有设备要再造，还必须依靠来自维持生计基金的回报提供支持。为了更形象地呈现此关系，我们用数字的例子来进一步说明前面讨论的模型。

我们假设，每周消费品生产所得5万份配额，其中1万份支付给消费品生产过程中雇用的劳动者，1万份支付给原料供应商，3万份形成更新基金。该更新基金将转移到消费品生产所用的机器的生产过程中。在这里，它的作用与在消费品生产框架中的总产品量的作用相同：一部分(例如，1万份配额)支付给雇用的劳动者，原材料供应商获得一部分(1万份配额)，还有一部分(1万份配额)将依次作为更新基金，用于本生产过程所用的设备再造。然而，生活资料生产的所得中，流向原材料生产商的那部分(生产消费品的阶段以及其上游生产阶段，每个阶段都支付了1万份)一定会再次派给刚刚描述的那个用场。一部分(5 000份配额)将支付给其雇用的劳动者，一部分(可能更大部分，可能是1万份配额)支付给提供土地这一原始生产要素的人，最后一部分(5 000份配额)将再次作为目前使用的耐久生产要素的更新基金。为简单起见，我们在此最终假设，在原材料生产企业以及耐久生产要素生产企业中，他们投资财货的更新仅使用原始生产要素。当我们从整体上审视这个过程，我们注意到，整个维持生计基金是消费品生产的结果，它通过其他生产过程，直接或间接地分配给原始生产要素。实际上，维持生计基金总是会被分配到那些有助于消费品进一步生产的生产要素中，无论是直接分配到消费品生产中，还是分配到提供原材料或耐久要素(机器)的生产过程中。[10] 然而，除此之

---

〔10〕 在这个例子中，土地提供的原始生产要素直接专用于原材料生产以及更新品生产的最后一个阶段。更加准确的是，我们在生产的其他阶段(工厂的土地等)也包括这样的贡献，即使是在最小的程度上。我们忽略了这一点，以免使陈述过于复杂。顺便提一下，我们必然会观察到，对于土地和土壤的原始贡献，用维持生计基金“支付”这种贡献、为业主提供支持——类似于必须给予劳动者的支持——不是迂回生产方式的必要前提。稍后将在不同的背景下讨论该问题。在这里，将维持生计基金分配到不同的生产过程阶段的细节是不精确的。显然，根据耐久投资的使用程度，分配比例必然会有很大不同。关于消费品回报的使用细节，关于如何把这些回报分配于不同的生产要素的问题，也并没有宣称找到一个最终答案。出于这个原因，我们也可以忽略这里的一个问题：是否可以从生产中获得超过对原始生产要素及更新基金的支出的利润?

外，还必须记住另一件事。

在迂回生产框架内，**如果生产的节奏保持不变**，一个被消耗的原始生产要素必须能够在一段时间后、在这个生产结构中的同一个位置被重新提供。为使其成为可能，必须在正确的时间提供适当的生活资料配额，以便能够在迂回生产方式中使用这种原始生产要素。正如今日在迂回生产中使用原始生产要素可以实现，是因为一部分维持生计基金在今日可得，那么明日在同一生产系统中的同一位置使用这个生产要素，需要今天所消耗的生产要素能够产出充分的生活资料以备明日使用。在连续生产过程中用于同一位置的生产要素，它被再次需要的时间间隔长度可以完全不一样。如果原始生产要素(劳动者)直接被用于生产消费品，那么很快就会产生收益；在某些情况下，使用生产要素的间隔之短，我们甚至不能说这个要素是在生产前期被投入的。〔11〕消费品的生产过程中需要使用的原材料，从最初投入原始生产要素用于生产它们直至最终获得消费品的过程，则需要等待更长一些的时间。然而，用于创造耐久生产要素的所有原始生产要素——无论是直接还是间接地通过劳动力支出来生产这里需要的原材料——必须等待特别长的时间，直到通过使用这些生产要素，一个更新基金从所生产的消费品中抽取出来，用于接替先前投资的、用于维护耐久设备的支出。无论这种生产性贡献在迂回生产过程中被绑定(tied up)多久，对于所耗费的每一个原始生产要素，或早或晚，都会产生以成品为形式的经济替代品(economic replacement)。为了维持生产，这种替代要素必须要反过来用于支持在生产中的相同位置上使用原始生产要素，直到新的消费品生产出来。显而易见，为了在生产过程中能够重新使用原始生产要素，维持生计基金的配额必须要及时地备好。稍后，我们将在一个拓展的框架里讨论生产要素及产品的量化关系。在那里，我们

---

〔11〕 生产成品消费品的面包师在迂回生产过程的最后阶段工作。在这种情况下，从劳动力雇用到获得成品的时间，出于所有实际目的都可以忽略不计。劳动者只在产品完成后才领取工资。但是，如果我们假设消费品行业对劳动者的支持也是由以前生产的消费品产生的，这将简化我们在这里的表述。这绝不是不现实的。特别是(或多或少)“耐久”消费品在精加工生产阶段需要有更长的生产周期。

需要讨论盈余超出支出的情况。这里的情况则不同。要想维持迂回生产方式，唯一可能的是，每个相同的生产阶段都固定地使用与之前数量相同的原始生产要素。而且，由于在迂回生产过程中，在原始生产要素最初使用和产出实现之间总要经历一段时间(因为只有在维持生计基金及时可用的情况下，才有可能在收益实现之前使用生产要素)，那么为了维持生产，必须将部分收益用于重复迂回生产方式。同步生产，通常使得原始生产要素能够被重复地用在规律进行的生产过程中的同一位置。但是我们不能理所当然地认为，此生产要素已经得到充足的生活资料的支持。

至此，我们诠释了这一生产方向，即为每个所需的原始生产要素及时地提供生活资料，这是不间断生产的前提。

应该指出的是，在迂回生产方式中，原始生产要素的使用总是与生活资料的配额支出一致。你可以说“我们从今天起将耗用一定数量的劳动力，其收益要过1年才实现”，也可以说“我们从今天起将投入一定数量的维持生计基金配额，我们才有可能雇用这些劳动者”。怎么说并不重要。两者都是同一过程的表述。我们可以说，原始生产要素的使用发生在获得产品之前，或者发生在生活资料的配额投入之前，即使在最简单的情况下，从始至终没有使用任何耐久设备的连续生产过程，情况也是如此。我们可以将这个公式应用于持续进行的生产采用大量耐久要素投资的情况，以及应用于生产机器和其他耐久生产要素的过程。铁矿业劳动者与食品业劳动者一样，机械厂劳动者与织造业的劳动者一样，他们都必须持续地得到供给。所有这些劳动支出，都是迂回生产方式的支出。如果维持生计基金在之前没有得到积累，也没有用于供给劳动力，这些支出也就不可能发生。如果在每次必须要消耗劳动力的时刻，又着实没有新的生活资料可以提供，持续的生产就不可行。同样清楚的是，只有生产的多方同步，才能使生产的所有阶段的连续工作成为可能，并且只有先前生产过程的收益可用，才能在迂回生产方式中支持个体劳动力为生产做出贡献。只是在消费品生产的最后一步，这个阶段从劳动力的消耗到最终产品获得的时间长度很短，才允许在没有维持基金支持的情况下，使用原始生产要素。

每当原始生产要素用于更新(相对的)耐久生产要素的投资时,一份更新基金就必须累积出来。我们强调,这种更新基金只能由消费品行业提供。此外,每当上游生产阶段需要更新投资时,这种更新只能是依靠消费品产业提供的维持生计基金,并且其中的消费品足够完成这次更新。如果在经济波动期间无法将更新基金从收益中分离,那么即使不进行更新,配备有耐久生产要素的消费品行业也可以继续工作一段时间。如果设备彻底报废,生产只有停滞。然而,生产要素的生产完全依靠于由消费品行业提供的更新基金的支持。一旦没有在生产中积累的更新基金,生产要素的生产将陷入停滞。由消费品行业提供的更新基金,是耐久生产要素生产中支出的经济意义上的接替者。该基金的更新可用,为生产要素的生产提供了一个前提,使之能够服务于消费品产业耐久投资品的替换更新。

我们已经证明,在耐久生产要素的生产中,为了维持生产,每次使用原始生产要素,就必须存在一个经济意义上的接替者:其形式是新产出的维持生计基金,每逢更新的时刻就派上用场。只有在这种情况下才有可能重新使用这一要素。因此,生产要素创造过程中的每项支出,已完全融入我们对迂回生产方式的处理中:在迂回生产结构中每次使用原始生产要素,一个维持生计基金就必须在该生产阶段存在。当然,这里的情况要比我们使用的第一个模型复杂得多,这里解释了维持生计基金在迂回生产方式中的作用。问题出现了:经济会通过何种机制,依照迂回生产方式的这种复杂结构找到其方向?到目前为止,我们的任务是解释生产过程必须如何构建,以便可以预期从生产中连续获取收益。我们稍后将扩展有关生产要素的课题。

5. 资本的形式

在分析迂回生产方式时,我们仅限于考虑商品世界中的关系。这个问题可以这样论述:生产能够利用迂回生产方式来增加收益的先决条件是什么?我们发现维持生计基金的存在就是这个先决条件。在分析迂回生产方式的同时,我们进一步发现,所存在的各种特定的物品供给,其生产面是选择迂回生产方式的结果，其支出面是迂回生产过程持续进行的必要，必须不断再生产以维持它。我们现在希望总结一下我们在观察中遇到的所有的商品组合。在这样做时，我们决定将它们描述为各种形式的资本。但是，应该再次强调指出，我们在这里没有丝毫理由放弃对真实生产要素在最大限度上的关注。使用资本的生产，意味着使用迂回方式进行生产。我们只讨论这个商品领域发生的事。货币经济的具体特征或社会经济秩序的特征在这里与我们的主题无关，抽象世界不切实际的特征我们也不会考虑。

我们现在将区分三种形式的资本：

(1) **自由资本**——这是维持生计基金(消费品供应)，可用于支持迂回生产方式；

(2) **中间产品**——这些是在消费品完成之前的各个加工阶段的原材料(原材料在加工过程中呈现为"逐步成型的"消费品)；

(3) **固定(稳定)资本**——("相对耐久的生产要素"，如机器等)这些是产就的生产要素，可用于多种单个生产过程。

中间产品和固定资本也是商品，这是迂回生产方式所具有的特征。我们将用"资本品"这个词来标记它们。相反，消费品本身并不是资本；如果它们以我们之前用"再生产性消费"这一术语所描述的特定方式使用，即如果它们用于支持迂回生产方式，它们也只是履行了资本的职能。中间产品和自由资本用于支持单个生产过程，因此可以被标记为"流动"资本，而不是"固定"资本。然而，必须注意流动资本也用于生产固定资本的过程中。

迂回生产方式中的生产过程的运作取决于这三种资本形式的使用。原始生产要素最初用于生产中间产品，中间产品经过一段时间成型为最终产品，这个过程只能在自由资本的"供养"之下才变得可行。另外还存在一种特殊形式的迂回生产方式——并且这种情况也只有在自由资本的供应条件下才有可能——原始生产要素用于生产固定资本，后者反过来与中间产品和额外的原始生产要素一起生产成品。然而，由于资本品的生产只有在维持生计基金的帮助下才有可能，尚未产出任何消费品的过程需要该基金的支持，因此，每种资本品都必须先有自由资本。资本品之产生,乃自由资本支出的结果。

因此,新资本只能由自由资本生成。新资本得以形成,是因为成品消费品被“储蓄”而后使用,从而使人们可以选择迂回生产方式。[12] 这不仅适用于积累新资本的情况,即意在增加经济体的资本供给,也适用于经济体中所有已投资的资本的更新。每个迂回生产过程都是从自由资本的投资开始,生产过程中每推进一步都意味着新的自由资本支出。这种自由资本被绑定的时间长短不一,自由资本捆绑所产生的资本品的形式也会有所不同,这取决于是否生产了耐久资本品或是中间产品。然而,在这两种情况下,资本的绑定都只是暂时的,曾经被储蓄而后投资的自由资本,以后会以消费品的形式再次被“释放”(set free)。如果要维持生产,这个被释放的资本必须再次并入迂回生产方式中。它必须“支持”原始生产要素被用于耗时的迂回生产方式。如果这种情况没有发生,那么在下一个生产期间,生产将不得不停止。[13] 如果要重复迂回生产过程,那么,在与中间产品或固定资本的临时绑定中被释放出来之后,曾经储蓄下来的自由

---

〔12〕 通过这个论证,由迂回生产方式学说得出了工资基金理论:除非得到原始生产要素的支持,否则无法在迂回生产方式中雇用原始生产要素。我们已经看到,工资基金必须预先积累,或者必须从另一个生产过程的回报中提供。关于可能的反对意见,必须说明以下几点:让我们假设罗雪尔示例中的渔民通过减少消费来积累资本,他们只用半天时间来捕鱼,而用剩余的工作时间来生产资本品。这很容易纳入我们的模型中。我们区分两个平行的生产过程:一个生产过程中生产的消费品也用于支持另一个迂回生产过程。在这里,迂回生产方式的可能性取决于支持,这是决定性的。这也适用于通过减少消费来补充工资基金的情况,或者正如我们之后会构造的,通过减低其可消耗的配额,维持生计基金的“苛求”性增加了。

〔13〕 如果我们假设所有投入的资本都必须得到释放,并且每项资本支出都必然重复发生,那么我们基本上只考虑资本支出过程的一部分。也有一些投资,不需要重复资本支出;在某些种类的土地和土壤改良中,情况可能就是如此。在这里,一次性资本支出可以使这些原始生产要素一劳永逸地以更好的形式提供。一个特别有益的例子是去除阻碍耕地的巨石。一次性的资本投资提供了持续的利润增长。我们不会进一步处理此类情况,只会在此指出,如果存在市场利率,这些支出可以很容易地根据其预期盈余收益纳入利润核算。此外,这里值得注意的第二种情况是:资本的初始支出大于后来为维持这些要素所必需的支出。同样,可以引用某些土壤改良作为例子。显然,初始资本支出与代替更新基金的“维持贡献”(maintenance contribution)的大小之间的比较只能通过计算利息来实现。文中提出的资本雇用形式的特征可能与更重要的情形相对应。我们需要它们,以便能够分析“静态”(在平稳意义上)经济进程的条件。这样的经济进程必须带来对同一投资支出的持续更新。构造这个经济过程的条件,同时就是构造这种生产情形的前提条件:在此生产中,一些特定的回报可以反复地获得;因此可以这么说,避免经济陷入贫困的最低要求是什么,需要我们构造出来。在此进程中,不需要完全更新的一次性投资不能纳入。静态过程意味着每项支出都必须重复发生,我们的任务是制定这种重复所必需的先决条件。无益于此任务的、不可重复投资的问题,对我们来说毫无意义。

资本必须作为资本继续运作。在这方面,阿克曼(G. Akerman)创造了一个特别恰当的短语"延续储蓄":为了保持由耗时的生产过程产生的连续供养,仅仅储存一次就不够了。同样重要的是,投资于生产的自由资本——无论是否已转变为中间产品或固定资本投资——在其释放出来之后都要进行再投资。

自由资本每次被捆绑,意味着这个资本的可用之处受到了或多或少的限制。自由资本可以分配给用于迂回生产方式的每一种潜在用途。然而,例如,要是自由资本用于生产钢铁("投资"于这种资本品),那其进一步使用的范围就会减少。钢铁仍然可以从中间产品发展为最终消费品(例如,汽车〔14〕),或者用于生产机器——固定资本。机器有时可以有非常广泛的用途(例如简单的车床,甚至最简单的工具),但机器也可以设计成具有非常特定的用途(例如复杂的纺织机械),除此以外别无用途。因此,在生产的进程中,自由资本采取或多或少的"特定"〔15〕形式,从而仅有小范围的用途继续有效。

每当要考虑在一个不同的生产过程中重新使用之前被绑定的资本的时候,将自由资本转化成资本品的过程就尤为重要,这源于资本品的高度的特殊性及狭窄的使用范围。这个过程的重要之处在于两方面的原因:第一,从一个生产过程向另一个生产过程转移资本可能会带来问题,尤其是当生产方向上的错误导致一种消费品过剩,而另一种消费品过于稀少,最终结果是生产没有照应需求。第二,将自由资本投入过于冗长的迂回生产方式可能成问题,其结果是,其所用的生产结构伴随着过多的资本品,以及过少的自由资本。在这两种情况中,已经采取特定形式的资本品

〔14〕 耐久"消费品"实际上甚至不应被归类为最严格意义上的消费品。这里消费的是在理想的消费品中体现的"使用价值"。将其归类为耐久资本品更合适,这类商品往往——但不总是,例如房屋或汽车——使其使用价值可供消费,而不需要额外的生产要素。然而,这种观点面临的困难是,即使在今天,人们也很容易对商品进行"唯物主义或客观主义的解释"。然而,如果耐久消费品被视为一种资本品,那么可以很容易将它纳入更新问题。例如,房屋的"静态"维护需要从收益中稳定地分离出更新基金。在下文中,我们将不再关注耐久消费品的问题。从这个观点来看,如果生产更好、更耐久的消费品,则可以认为迂回生产方式的进一步延长。(庞巴维克在这方面谈到"资本形式的迂回生产方式重要的平行发展"。)

〔15〕 这个表达式遵循哈耶克使用的维塞尔的术语。

不能被使用,得靠其他财货代替——在第二种情况中消费品取代资本品,在第一种情况中不同的资本品取代实际可用的资本品——事实上都将导致困难,资本品的特定品质使重新分配变得困难。

“资本投资流动性”概念成为资本形成的难题源于这一事实:已投资于资本品的自由资本无法起到与自由资本相同的作用。被绑定时间最短的自由资本,是那些在消费品生产中用于雇用原始生产要素的自由资本;绑定时间较长的,则是在原材料生产中用于支持原始要素的自由资本;最长的就是用于将原始生产要素引入耐久资本品生产的自由资本。如果发生了过度的资本投资,那么在经济中,肯定存在将来可以产出生活资料的投资,但现在缺乏的是使生产得以持续的自由资本。这种情况可以用这样的公式进行最准确的描述:每一种资本品,特别是每一种耐久资本品,得靠相应数量的自由资本来形成**补足财货(互补品)**,才能帮助支持经济。〔16〕要是资本投资没有找到必要的自由资本补充,比例结构就会出现“比例失调”:在没有充足可用的自由资本使生产可以完成的情况下,自由资本被“误导”而过度投资到设备上。

如果我们想在此强调自由资本的绑定,我们可以说资本已被固化,资本投资已变得缺乏流动性。简单地说:机器和原材料都在那里,但留给工作人员维持生计所需的东西太少了;要是工人没有生活来源,他们无法在领到报偿前开展工作。自由资本的使用,通常在被捆绑一段时间后再次成为“流动”的自由资本。然而,在固化情况下,资本过度地分配到无法让它得到及时释放的用途中,甚至完全无法释放。释放之前被绑定的(已投资的)资本的唯一方法,是继续这个已经开始的迂回生产直到完成:只有当产品成为消费品时,曾经捆绑的资本才能再获自由。很明显,过度捆绑自由资本与选择过于冗长的迂回生产方式是完全相同的。每当迂回生产方式可以被拓展到一个程度,在这个程度上可用的自由资本仍然能够

〔16〕补足财货理论由门格尔提出。只有当人们只关心那些相当接近可消费状态的资本品,以至于在不损失相关时间的情况下可以变为成品消费品,才会有上述原则的例外。对于此处提出的有关资本投资流动性的一般性考虑,这些例外情况无须进一步关注。

供养生产,产品的供应也没有因此下降,迂回生产方式的"正确"长度就存在。[17] 如果是由于缺少自由资本,正常的资本投资的兑现——延续所计划的生产——不能被实现,就有必要缩短迂回生产方式。如果人们没有及时地意识到他们选择了过于冗长的迂回生产方式,如果他们消耗和投资的[18]自由资本不能保证它及时地再生产,或者如果因此人们只能获得半成品而非消费品,那么每个迂回生产过程都必须中断,生产就不得不采取即获生产的形式。我们已经指出过这种情况。实际上,出于两种原因,这不一定会发生。第一,资本固化状态可能会在实际出现之前被觉察到。在这种情况下,生产将发生转变,部分迂回生产方式会停止,而另一部分将继续,并在余下可用的自由资本的支持下,获得更多的额外生产要素,这相当于缩短了这些生产分支中的迂回生产过程。[19] 第二,生产的转变——再次从缩短迂回生产过程的角度来看——是可以实现的,通过将具有非特定性质的资本品从此前计划的较长迂回生产方式转移到较短的迂回生产方式。在可能的情况下,从过于冗长的迂回生产方式中产出的资本品,仍然可以有效地使用。但是,有时候,这种重新分配会导致投资损失。这将在后面以不同的关联来讨论。[20]

我们的任务是澄清资本在生产中的作用。我们已经看到,资本的功

---

〔17〕 选择过短的迂回生产方式将导致无法实现利用延长迂回生产方式增加回报的优势。这将体现为流动性过剩,即特别丰富的自由资本供应,这与未来较低的生产收益形成鲜明对比。我们稍后会对这种情况做进一步讨论。

〔18〕 消费与投资在这里是相同的:只要在一个尚未产生消费品的迂回生产方式中,自由资本(一种维持基金)用于支持生产中的生产要素,这种自由资本同时用于支持那些提供原始生产要素的人。只要生活资料不支持"再生产性消费",消费将只是一个与投资分开的概念。然而,自由资本的定义已将其排除在外。它只包括用于支持原始生产要素的生活资料。

〔19〕 如果数量为 n 的自由资本可用,但整个生产过程的持续需要 $2n$,则在数量 n 的自由资本的基础上,一半的生产得以持续;也就是说,在下一个生产期间增加相对更多的原始生产要素,与已经在这里投资的资本可以使用的情况相比,意味着缩短这些生产线中的迂回生产方式;因此,在更接近成品的生产过程的阶段中,会采用相对更多的原始生产要素。(这也可以通过众所周知的平均值计算方法来说明。资本在生产中被捆绑的平均时间长度必须与生产要素支出和重复相同支出之间经过的最长时间进行对比。前者可以作为资本生产强度的指标,而后者可以确定在静态经济过程中必须重复生产支出的时间长度。)

〔20〕 第三种可能性是通过克扣用于支持原始生产要素的配额来"扩大"可用的维持生计基金。有了这个,就有可能使用现有的维持生计基金来开始更长的迂回生产方式。我们将在这里像以前一样忽视这种可能性,因为稍后在市场经济分析的框架内,我们将讨论生产要素的价格形成,并且希望在那里一起处理配额规模的问题。

能完全取决于这样一个事实：迂回生产要成为可能，得靠维持生计基金可用于支持那些提供原始生产要素的人。**所有资本问题都可以从中推断出来**。特别是，投资于耐久生产要素的资本，绝不能作为独立于迂回生产过程的问题来考虑。如果一个人希望从一开始就着眼于实物财货有助于生产并有助于增加生产，那他永远无法完成一个从经济角度着眼的任务。对于这些资本投资，与迂回生产方式问题密切相关，也是出于两个因素。第一，即使是最耐久的资本投资也只能被认为是相对耐久的，因此，其维护需要稳定地投入不断被更新的原始生产要素，远远先于从中获得消费品收益之时。这些支出要成为可能，如同任一迂回生产方式，自由资本必须可用。与此密切相关的是，如果需要维护，耐久资本必须从其收益中提供自由资本更新基金。第二，耐久资本投资与迂回生产过程之间存在关系，是因为耐久资本投资总是需要自由资本作为补足财货。显然，用于补充固定资本的自由资本保持长期绑定是必要的，因为无论在何处，从资本投资开始到消费品生产为止，其时间跨度与投资于财货生产行业的情形一样——反之，无论在何处，固定资本投资用于直接生产消费品，对自由资本的需求显著减少，绑定周期显著缩短。事实上，在某些情况下，自由资本的重要性将完全降低。但即使在这里也关联着对自由资本的需要，其实，对自由资本的间接需求会特别大，因为这些投资只能借助于不断更新来维护。这种更新要有可能，得靠维持整个前期的生产要素生产，这需要大量的自由资本以及必须长期捆绑的资本。

在解释迂回生产方式的一般指导原则时，我们一直回避去问这个问题：经济力量如何设法使生产适应这些原则？当我们看到生产必须调整迂回生产方式的长度，使之适应自由资本的供应时，我们并没有问这种调整将如何进行。迂回生产方式的一般规律认为，选择过短的迂回生产方式必须放弃可能的生产增加，而选择过长的迂回生产方式必然会导致经济资本供给固化，一般规律没有解释生产如何能够根据资本的供应做调整。我们稍后将在市场经济中的价格形成机制这个框架内，讨论上述问题。到时，我们将看到所有根据资本的供应所做的生产过程的调整，其决定因素都是利率的高低。

第二章　价格的纵向连通性和横向连通性

1. 价 格 体 系

市场过程在生产要素供应与消费品需求这两极之间运动。只要这个过程纯粹地遵从实际货物交换(包括劳动力的使用)的原则,索求消费品的人们和提供生产要素的人们必然是相同的。在交换经济中,没有哪个经济主体能够不相应地提供生产要素就获得消费品——这就是经济循环不息的图景。每个独立的生产要素所有者为经济过程提供生产要素,并以此换取消费品。只要生产要素的所有者需要依靠其劳动收益来实现经济生存,他们随即就有可能继续参与到经济过程中,再次提供他们所拥有的生产要素,并反复地获取消费品的份额。当然,我们没有理由认为这个经济过程会一成不变地永远重复。即使经济行动人为了换取产出份额反复提供其生产要素,但是随着经济的波动起伏,情况总会发生变化,一方面,个体所拥有的生产要素会变,另一方面,即使其生产要素供应保持不变,个体从经济过程中换取的收益份额也会发生变化。这种变化可能有多种原因,我们在这里无法详细讨论。然而由于特定的原因,我们有必要先把这些可能的变化剥离出来，再来解释经济进程的过程。只有这样，我们才能够准确地描述两条运用广泛且意义非凡的经济进程原则，这些原则在“静态”经济体的框架中是严密的法则[1]，不过，当我们通过包含市场过程中可能出现的变化来丰富经济的图景，使其更接近现实时，这些法则只能得出“趋势性”的结论。然而，尽管只能通过它们得到“趋势性”的结论，但这些原则的意义仍然非常重要，并足以为我们在其严格的推导过程中争取更多的空间。

生产要素以及产品的价格将在市场上形成。在交换经济中，使用生产要素来生产消费品的过程，其纵向和横向划分(由此形成的各个局部生产过程通过交换互相关联)越多，市场中形成的价格的数量规模就越大。在自由市场中，这些价格中的每一个价格的形成都取决于供求交集。适用于此的原则由价格的一般法则给出了论述。在这里，我们满意于最广泛的表述：如果供应有着这样的结构，其增加伴随着价格的增加，而需求则随着价格的增加而减少，那么使供需相等的价格只有一个。随着双方自由竞争，“价格竞争的经济选择原则”将决定价格的高度。此外，我们需要指出，各种价格之间存在着必要的连通性，其紧密程度使得所有价格形成一个系统，每个单独的价格都与其他价格互相依赖。首先，存在一个纵向的价格连通性，也就是说，产品的价格和生产要素的价格通过成本法则建立联系。其次，也存在一个横向的价格连通性。这是因为各种财货在经济过程中可以相互替代，并且可以从一种用途重新分配到另一种用途。这种关系由替代原则给出了论述。

这里重要的是，这种价格连通性原则明确地关联于价格形成的一般法则。由于自由市场中的每个价格形成只能用供需来解释，横向及纵向的价格连通性只能起因于一个事实，即一个商品的供给和需求在某种方式上取决于所有其他商品的价格。因此，价格连通的理论实际上是确定

---

[1] 这意味着考虑一个“平稳的”经济系统，即一个总是重复相同步骤的经济过程。此过程的前提假设是恒常的数据。然而，必须对经济目标的时际联系做出进一步的假设，这里不做进一步解释：经济主体必须有意愿为现在和将来提供稳定的供给。稍后我们对此会有更多的讨论。

特定的供需结构的理论。我们也必须要证明,在特定情况下,无论是否存在能够平衡某个商品的供需的价格,这个商品的供给和需求将会因为它的价格与其他价格的关系而改变。从一开始就应该清楚,我们将在这里探究产品的供给和需求。

让我们简单地指出,对于经济理论而言,视角从观察孤立价格的形成到观察价格的连通性的转化,意味着满足了理论对系统性的要求。这是从整体上分析经济的唯一可行方式。单个价格的变动仅仅是取决于供需的单个价格的形成,而且只有在追踪了这些价格变动产生的所有影响,直到出现这样一幅画卷:总量中每个现象都由其他现象共同决定,总量整体的有律可循的本质遵从于每个部分的决定性力量,才完成了论述一个整体经济系统理论的任务。每一门科学都有责任建立一个融贯一致的系统。然而,完成这项任务意味着要将这个系统从决定其局部的法则中构造出来。

2. 生产要素的供给

对于生产要素的供给,首先必须指出,不仅仅要考虑土地和劳动力这两个原始生产要素以及产就的生产要素(资本品),而且不能忽视这三组生产要素的每一类别中都并存着非常大的差异化供给;忽视这一事实,我们将会被误导。即使在考虑劳动力要素时,很明显人们不应该仅仅谈论劳动本身,因为不同品质的劳动服务确实存在。对于大自然同样如此。在这里,土地既作为农产品生产(作为农田)的最重要的手段,但在考虑城市发展的时候,也作为住宅和工作场所的立足之地。最后,土地也是所有原始材料、能源和交通等自然资源的提供者。由于土地使用及其价格形成的问题并不是我们感兴趣的特殊问题,在下面的讨论中为了简化起见,我们只考虑用于农业的土地使用。然而,即使是用于耕作的土地,品质也有很大差异。最后,对于资本,显然除了可以被视为自由资本的维持生计基金外,还有非常不同的各类产就的生产要素供给,我们稍后会谈到这种供给。

这里有必要指出这个众所周知的事实,以便首先表明一种关系:伴随着生产要素价格形成的问题,还出现了各种其他价格的问题。在一些情况下,不同类型的生产要素如无意外能替代其他要素,因为就生产性服务而言,一定数量的不同生产要素互相等同。然而,在许多情况下,这种替代将发生或大或小的困难。这样的替代——并且重要的是从一开始就认识到这一点——在不同种类的生产要素之间也是可能的,正如最简单的用机器替代人工的例子就说明了这一点。然而,就目前而言,我们优先考虑在完全"孤立"的情况下不同种类的生产要素的供给。由此,我们将得出大量的供给曲线,每条曲线都会受到相对限制。

关于所有这些供给曲线,我们将首先假设每个都具有我们已经选择的形状,以此作为我们在解释价格的一般法则时的出发点,即,在市场上获得的价格越高,供应量越大。自然地,供应的增加是否与价格上涨的幅度大小所致,并不那么重要。因此,供给曲线的图形表示中,其上扬可陡可缓。唯一的先决条件是价格上涨不会导致供应减少。稍后我们将更多地说明这一假设的理由。

就土地供应的情况而言,也没有什么难以捉摸的。供给曲线或走势平缓,或在平缓中轻微上扬。后者出现的情况是,由于土地价格过低,个体的土地所有者不会将土地用于生产,而宁愿将土地作为储备。与土地供应的情况相对比,就劳动力的供应而言,在特定的情况下,下降的供给曲线是可以预见的。例如,随着工资的增加,已经达到预期生活水平的劳动者以及分享他人收入的劳动者(家庭主妇),尽管工资较高,也会适可而止,避免额外工作。出于类似的原因——这在实践中可能更为重要——劳动力供给会随着工资的下降而增加:劳动者干更多的工作,以维持以前的生活水平;尽管工资下降,但由于丈夫收入减少,如果家庭的生活水平变得太低,劳动者的妻子就会去上班。先不考虑这样的可能性。我们只能在之后再看这样的情形,它们超出了这里所考虑的静态经济的范围。然而,要指出的是,重要的社会力量倾向于将个体劳动力的供给纳入不同的层级,以便形成上扬的供给曲线。如果考虑到构成总劳动力供给的个体单元的含义,就可以很容易地理解这一点。其实,这条供给曲线本该显示个体劳动者准备接受的、作为其工作补偿的最低工资。当劳动者为了出售其劳务进入劳动力市场时,他想要寻求最大可能的收益。因为个人迫切需要这收益养活自己,在极端情况下,绝大多数劳动者会准备为了非常低的工资去上班。然而,也会有些劳动者,他们的社会压力略小,因此他们只准备为更高的工资而承担压力("负效用")。对个体工人造成不同程度负担的社会压力层级显然千差万别。例如,请注意,要负责养家糊口的人通常会承受更大的压力,因此,在最极端的情况下,他们会准备为很低的工资去工作,低于青年人或独立劳动者养活自己的工资要求,低于那些能偶尔靠亲戚接济、能偶尔在普通劳动力市场之外找到工作的人的工资要求。各种动机都会在劳动力供给形成中发挥作用。因此,如果工资压力增加,家有余粮的劳动者偶尔会适可而止,保留点实力。而另一面,期盼增加储蓄的劳动者甚至会接受大幅降低的工资以避免储备减少。然而,即使在个体劳动者中,维持通常的最低工资的欲求会呈现不同的重要性,特别是——再次取决于每个人承担的社会压力的程度——对于不同的个人,迟早会接受较低的工资。我们在这里的论证中表明劳动力供给"分层级",将是接下来对劳动力供给的"静态分析"的核心。对那些提供劳务的人来说,这种层级的重大社会意义是显而易见的。随着工资的下降,有些劳动者将首先放弃最不"迫切"地提供劳务的工作,他们只准备为较高的工资工作,而那些承受更严重社会压力并愿意为较低的工资工作的人,将继续受雇。而另一面,随着对劳动力需求的增加,出于吸引工人的必要,雇用这些只准备为较高工资工作的人,也将提高其他提供劳务服务的人的工资。这一切都适用于每个劳动者群体。然而,急剧增加的需求还需要吸引来自不同群体的劳动者,因此必须考虑到完全不同的供给曲线,在这种情况下,也只有通过提高工资才可能扩大劳动力供应。这适用于吸引来自不同职业以及不同地域劳动力市场的劳动者,因为这两种情况在此前并无顺利的沟通。通常,可以假设在实践中,劳动力的供给曲线被塑造成这样的增长,在相对长的时期从非常低的水平上出现了增长,之后曲线几乎水平地运行,直到最后急剧上扬。我们最初的考量将基于劳动力供给曲线具有这种形式的假设。

关于资本供应,我们不在这里展开。很明显,对于资本品供应的分析,产品供应问题将以“派生”供应*(“derived” supply)来纳入考量。

3. 企业家的供应和需求:成本法则

企业家购买生产要素,并销售产品给买家。显然,如果收入低于购买生产要素的成本,则没有企业家会进行这样的生产。这个显而易见的事实在这里值得进一步考量,正因为有一个情景与我们近在咫尺,为我们理解所有生产要素的使用问题开辟了蹊径。因此,特别是在这里需要首先考虑最基本的情形,以便准确描述决定企业家角色的条件,他既是生产要素索求者,也是直面苛求的购买者的供应商,无论这些购买者是消费者还是中间产品的采购者。我们之前曾经提到,供求曲线的确定在这里是一个需要探讨的问题。

如果我们想象企业家在其生产过程中只需单一(原始)生产要素,那么情况就会极其简单。为了不使用完全抽象的术语,我们在这里举一个例子,虽然所阐述的情况非常简单,现今也少有发生。然而,可能的示例范围并不太大,并且必须满足于能够找到一个容易理解的示例,只要这可以在基本情形下使用而无太大妨碍。因此,我们假设在一个中等规模的城镇,有许多做房屋清洁生意的企业家。他们雇用劳动者,并负责保证这些工人清洁住宅。〔2〕一方面,企业家面对的是对其服务的需求,但很明显,如果这些服务的价格上涨,需求将减少——家庭主妇会自己做清洁,或者限制自己使用这种服务。另一方面,企业家面对的是相对有限的清

---

* 派生供应是经济学术语,这里的意思是包括资本品供应在内的生产要素供应是由产品供应派生出来的。——译者注

〔2〕 严格意义上讲这里不是生产情形,但不构成反例。选择这个例子使得可以将这些不同生产要素的使用抽象出来(这里我们可以忽略“物料”),并且可以进一步忽略企业家“预付”工资的情况,即耗时迂回生产方式在产品完成之前支付的工资。

洁女工的供应，如果工资太低，其供应显然会保持低水平，而在中等城镇，要满足更大的雇人需求只有增加工资。容易看出，企业家对劳动者的需求，取决于“消费者”对企业家提供的服务的需求。生意收入至少要抵得过他付给雇员的工资成本，否则企业家将无法做任何生意；此外，他将为自己争取利润，并且可能不会在没有预期获得这样的利润的情况下做生意。不过，企业家也无法在自由竞争下获得“超额利润”，否则另一个企业家可能会以更便宜的价格从他那里夺走生意。每个企业家都有兴趣通过扩大业务来获得更大的利润。工资以及企业家的服务，还有企业家的利润，将会出现统一的市场价格。自由市场中成本法则的“机制”，可以在我们的例子中清楚地看到：

(1) 如果企业家服务的价格是亏损价格，那么企业家将：

① 停止服务于那些最无力支付此项服务的人，只满足那些有能力为此服务支付更高价格的人；

然而，他们也会：

② 解雇部分员工并降低工资，这样只雇用“更便宜”的劳动力，从而降低成本。

这两种趋势——提高产品价格和降低成本——将相互补充。在成本(包括企业家的利润)等于企业家提供的服务价格的那一点，这一运动将会停止。

(2) 如果企业家服务的价格明显高于成本，那么企业家将：

① 看到通过扩大供应，他们能获得额外的利润，供应扩大将迫使价格下降；

② 需要更多的劳动力，而且只能以更高的工资吸引他们。

同样，这两种趋势——降低产品价格和提高成本——将会趋同，只有达到成本(包括企业家的利润)等于服务价格的情况下，这一运动才会停止。

这两个价格幅度的收敛并不是一个“中间线”。很明显，这个运动正如在自由市场上价格形成的最简单的情况一样，是沿着必将相交的两条曲线运动。因此也很明显，它取决于两条曲线的形状，取决于它们的斜率、数值变化是否会很大、企业家服务的价格或成本项目的价格是否会急剧变化。然而,依照成本法则的整个调整过程意味着——再次强调这一点的重要性——只是供求曲线的转化,别无其他。让我们考虑发生亏损的情形。在这里,企业家所需求的劳动力服务的市场存在着均衡,企业家所提供的服务的市场也存在着均衡。企业家已表明对劳动力的特定需求,依靠给定的劳动力供给,这一需求已经得到满足。与此同时,企业家已经将他们的服务提供给市场,而这已被那些有此项服务需求且最有能力支付的人所接受。成本法则尚未生效,但在价格形成的两个市场上,这都是根据价格形成的一般法则发生的。然而,根据成本法则,这两种价格之间的关系是不正确的,亏损情形迫使企业家改变其作为劳动力需求者以及服务提供者的位置。企业家必须对其作为供应商和需求者的地位进行修正。在亏损影响下,他们必须认识到,按目前支付工人的工资,他们再也无法雇用到以前那么多的劳动力。他们的需求发生了变化,而且按照现行价格,他们再也无法提供这么多服务;因此,他们的供应发生了变化。

在成本法则和自由竞争的有效性下,企业家的作用已经明确:他们获得生产要素的供给,并将其与消费者的需求进行比较,或者说,他们获得消费者的需求,并将其与生产要素的供给进行比较。无论企业家是作为供应商还是作为需求者,由于他们事实上只是作为中间人发挥作用,他们都必须调整他们的供求结构以适应由企业家所处的位置带来的制约。

我们的任务是以最简单的形式介绍成本法则所处理的关系,进而在以更复杂的形式考虑现实时,我们切莫忘记这些关系。

4. 互补性生产要素:“收益递减法则”与边际生产力原则

在我们推导成本法则所假设的简化情形中,最重要的是企业家只采用单一生产要素。即使房屋清洁生意中企业家的例子,也几乎不是对现实的准确描述。无论在何处进行技术性生产过程,都必须假设几个生产要素彼此配合使用。如果我们现在将使用"互补性财货"作为因素纳入我们之前的成本法则,那么我们所面临的问题的实质就可以很容易地总结出来。在单个生产要素的市场中,价格形成是基于生产要素所有者的供给和企业家的需求,这些价格出现在企业家的成本计算中。平均总成本必须与产品价格进行比较,成本法则机制则必将带来调整。尽管我们之前说过,企业家应对消费者需求,并将这需求联系到单一生产要素,但在几个共存的生产要素的情况下,问题就出现了:如何将消费者对产品的统一需求分解为对应各种单个生产要素的多条需求曲线?简言之,问题是如何将一个需求分解为多个需求。与这个问题密切相关的是第二个问题,它产生于多种生产要素的相互作用。在将几种生产要素组合进一个生产过程的情况中,通常,这些生产要素的使用方式不会只存在一种统一的不可改变的组合。相反,生产组合几乎总是可以加以改变,一种生产要素可以被大量利用而其他要素的使用则被缩减,而且某些生产要素可以完全省去,或由此前从未用过的其他要素替代。因此,除了需求分解问题外,还出现了生产要素替代问题。这两个问题只能一并解决。

需要指出的是,我们因此发现自己直面经济的核心问题之一。如果必须首先假设存在生产要素和消费者需求,那么现在的问题是生产要素是如何被使用的。无论生产要素应该是某个或另一个生产过程的一部分,无论它是否产出某种或另一种消费品,无论是否生产更多某种或另一种消费品并提供给消费者,无论单个生产要素的所有者从其对经济过程的贡献中收获颇丰或微薄,甚至无论某种或另一种生产要素有没有被使用到;所有这一切都成为一个问题。在对经济过程的探究中,与成本法则相关的每个问题的决定性作用是清晰的。这些问题本身需要深层的答案,由此带来一些困难也不足为奇。不过,经济理论已找到一种工具,可以极其简单地解决这个问题。也许,现今仅仅需要注意的是它会被正确地使用,不会导致扭曲现实。这一原则就是边际生产力法则。

假设有两个或者多个生产要素，我们在生产过程中使用这些要素的若干单位数量。我们继续假设，在给出的特定的生产要素的组合中，其中一个要素的使用数量增加或者减少了。那么，我们就可以找到用量变化与生产收益大小之间的具体关系，这个关系是由收益递减法则表述的。我们探讨这个关系，首先要考虑一个最简单的公式，即所谓的农业生产收益递减法则。

某块既定耕地上，劳动力支出增加可能带来收益增加，但这种收益增加并不一定与劳动力支出增加成比例，而是存在滞后。**其必然性源自这样一个事实：人们在这里只关心经济财货。**如果收益递减法则无效，要是劳动力支出增加一倍，收益就增加一倍，那么出于经济原因，没有农民愿意增加土地持有，因此他也不准备付出任何代价来增加土地，来达到产出更多收益的目的。种植面积增加了一倍，同时劳动力支出也增加一倍，才能带来产量的翻倍；然而，如果收益递减法则不成立，那么靠既定土地上的劳动力支出加倍，这种收益翻倍就已成为可能。然而，要是经济体中的每个农民都向往种植面积增加一倍，并且每个农民都知道，为使种植面积增加一倍的一笔付款是合理的，那么随着土地翻倍劳动力也加倍，从而可以获得的产出比仅仅通过劳动力加倍而不增加土地的产出更多。另一方面，如果收益递减法则不成立，将土地减少一半也是无关紧要的，因为在面积减半的土地上，同样的生产要素支出意味着劳动力支出已经翻倍。如果他的劳动力支出增加一倍会使收益增加一倍，那么农民就可以毫不犹豫地将一半的土地转作他用。〔3〕

如果在熟悉的图解模型中表示这种关系，那么，在既定土地上，每额外雇用一个劳动者带来的收益增量可以用直方图表示，X 轴上所标示的是每个劳动者，而与之相关的收成的增加则用细长方形标示。每增加一个劳动者就会增加产量，而产量的增加会越来越少。对于每个既定的劳动者数量，劳动边际产量的衡量将通过最后雇用的劳动者的产出来衡量，

〔3〕 在这里，我们也可以说增加其他任何生产要素的比例，而不仅仅是将合作生产要素加倍。请参阅第 62 页及随后几页的解释。

或由不雇用这种劳动者导致的产出损失来衡量。

不过，在我们继续之前，有必要将论证扩展到普遍有效的边际生产力法则。在我们的推导中，我们也可以谈及一般的生产要素，而不仅限于土地和劳动力。显然，基于农业收益递减的事实，我们可以简单地将劳动力和土地的作用对调。也没有理由认为收益递减原则仅适用于作为生产要素的耕地和土地。在土地的例子中，“收益递减法则”如此生动的原因只是偶然情况，显然生产要素的使用程度是可以极度多样化的，比如雇用更多或者更少的劳动力，而且很容易想象生产要素的无限变化，特别是通过增加或减少互补性要素带来的收益持续增加或减少的情况。如果考虑将现代机器与其他生产要素结合起来，情况似乎有所不同。例如，使用现代化的卷烟机，通过增加更多的劳动力和更多的原材料，只有在每日工作时间延长的情况下才有可能增加产量。〔4〕根据收益递减法则，超出此范围的收益增加是不可能的。同样，减少劳动力和原材料的支出，将线性地缩减产量，因为机器每天将运行较短的时间。劳动的边际产出根本无法获知。但即使这个困难也可以克服，只要能摆脱纯粹的技术观点即可。让我们将卷烟机视为钢铁和人工的产品——由此，我们还不能考虑耗时的迂回生产方式所带来的特殊性。当然，我们看到的实际机器无法逆转为生成它的生产要素。但这无关紧要。让我们思考一下在考虑边际生产力一般法则时出现的问题。我们应考虑不同的组合，而不是认为劳动和钢铁结合的机器只能与特定数量的劳动相结合。更少的钢铁和更少的“以前”劳动力，意味着使用更多的“现有”劳动力。如果我们以这种方式提出问题，就可以求解劳动边际生产力问题。从最原始的手工卷烟生产到最现代化的自动化卷烟生产，所有可以设想的钢铁、以前的劳动力与当前劳动力的组合都是可能的。我们面临着无穷无尽的生产要素组合。从我们希望进行的任何“巧妙选择”〔5〕组合中，我们总会看到其中一种生产要素

〔4〕 也许在某种程度上还可以通过加快机器的速度来实现。

〔5〕 我们仍然会看到，一个可自由流动的生产要素的组合，其中一个生产要素的增加能够带来回报的更大增加，这在理性的经济计划中没有任何地位。

的增加带来产量的有所增加，但这种收益增加与这种生产要素增加不成比例。只有平行增加所有生产要素才能带来产量成比例增加。基于这一论点，边际生产力原则可以应用于每种生产要素。

现在很清楚，通过对边际生产力的这种解释，我们避免了许多着重提出的问题。即使对于卷烟机的例子，人们也可以提出异议。要是工厂有许多机器，那么，一个接一个的劳动力损失总是意味着产出的同等损失。要是有一半的劳动者离开，那么一半的机器将不得不闲置，只能产出一半的产品。这里观察不到符合收益递减法则的联系，因此，完全不可能计算边际劳动产出。然而，除此之外，还可能出现其他异议。今天，人们经常听到，只要一个生产要素增加就可能带来收益倍增的情况。原本必须要为生产过程准备大量支出的工厂，现在可以通过较小的额外生产要素支出扩张，在极低的生产水平扩张生产，从而使收益超比例增加。“收益递增法则”将适用于此。我们将在之后才能详尽讨论此类情况。我们在卷烟机例子中指出的解决这个问题的路径，也将为我们带来阐释。从本质上讲，生产确实可以组织起来，以便充分利用边际生产力原则，而不依此调整的生产将是在某种程度上被误导的。这将在后面讨论。不过，在此我们想要得出成本法则的最终结论，而且在这个过程中，我们只利用边际生产力法则。

通过使用边际生产力原则，一举解决了不同需求的拆分问题，以及与之相关的多种单个生产要素的供给问题：单个产品的每一单位需求对应着单个要素不同数量单位的供应。产出每次增加并不意味着生产组合中使用的所有生产要素都要增加，而是一个或另一个生产要素增加了。企业家将考量那些可能有助于生产的生产要素的需求以及产品的销售性，并与各种单个生产要素的供应做对比，然后将与提供最优价格的某个生产要素的业主做生意。其边际产出可以获得的价格大于其自身价格的每种生产要素，将被一直使用到这两个价格齐平的那一点。同理，其成本高于其边际产出价格的每种生产要素，将不再被使用。此过程将持续至价格调整完成。人们在这里看到的整个论点，与我们先前在讨论单一生产要素例子时提出的论点完全一致。

成本法则机制必定带来两类价格齐平：

(1) 每种生产要素的价格与该生产要素的边际产出价格齐平；

(2) 所有成本支出(包括企业家利润)的价格与总收入齐平。

要素价格与产品价格之间的关系问题，对于不同生产要素的使用具有决定性意义；而且只要存在多种不同要素的使用情况，这个问题就会浮现。至此，这个要素价格与产品价格之间的关系问题，其求解已经达成。〔6〕

5. 资本利息与生产结构的时际调控

我们已经指出，通常可以通过两种方法扩大生产：一方面，通过增加雇用生产要素，而这种雇用的增加会受到收益递减法则的制约；另一方面，扩大生产也可以不通过增加生产要素数量来实现，如果把生产要素初始使用的时间推向更远的以前，那么更长的迂回生产方式将会实现，产出也就会增加。我们已经在迂回生产方式理论中详细讨论了这一点。在那里还解释了延长迂回生产方式的可能性是有限的——尽管它带来的更高的生产力令人向往，但是迂回生产方式的长度受到资本供应的限制。现在我们的任务是将生产要素价格形成理论以及成本法则，融入迂回生产方式的理论中。在一个以交换为特征的经济体中，生产要素的每个所有者都可以依价格来衡量其经济活动成功与否；资本的使用，迂回生产方式的选择，只能由各种价格的形成来引导。资本所有者会依据价格来衡量如何正确地投放其资本，以获得最大可能的收入回报。现在的首要问题是：哪些价格具有显著意义？

让我们假设一个企业家选择组织一个迂回生产过程。为了清楚地看到资本在这里的作用，假设该企业家没有任何资产，他从资本所有者那里

〔6〕 关于前面提到的两种对等关系的“协调”问题，请参阅菲利普·威克斯蒂德(Philip Wicksteed)和约翰·希克斯(John Hicks)的解释。

获得资本。因为没必要使情况更复杂,我们将进一步假设,企业家除了获得的资本之外只需要劳动者。

如果资本的可用性仅仅意味着可以开始迂回生产方式,可以使用能在未来带来回报的生产要素,那么这个资本市场的本质就是“当前财货”对“未来财货”的交换。资本所有者为企业家提供了一些供他“投资”于某一迂回生产方式的“东西”,只有这个迂回生产方式顺利完成,资本所有者才能得到满意的回报。若要问资本所有者交给企业家的是什么,那么首先(回顾我们之前讨论的最基本的案例),我们可以确认这个资本是维持生计基金。现在我们面对着一个组织生产过程的情形,此时的经济体尚未存有任何产就的生产要素,只能使用“自然”状态的资本。唯一的资本形式是积攒的生活资料。在“即获生产”中,雇用的劳动者投入直接生产,企业家用生产过程中的直接回报支付工资,这与选择迂回生产方式相反。在迂回生产方式中,雇用的劳动者将投入于持续到成品完成的迂回生产中,企业家使用资本所有者提供的自由资本支付劳动者工资。这个维持生计基金独自承担资本的功能,提供生计支持,并且被逐步消耗完。很明显,企业家无法雇用劳动者——企业家自己不是资本所有者,企业家必须在迂回生产过程中不断获得回报来支付劳动者——除非他能获得维持生计基金。

现在,为了获得供需曲线,假设在一个迄今为止仅以即获生产方式运行的经济体中,在若干条生产线上选择迂回生产方式可以大幅提高生产回报。这些生产线上的企业家开始引入迂回生产方式,通过刚刚描述的办法使用维持生计基金。他们的行动之所以成为可能,是因为通过储蓄成为资本所有者的其他经济主体,为了获得新兴资本市场的未来回报而提供了维持生计基金。如果企业家从其他生产过程中吸引劳动者——为了简单起见,我们假设劳动是生产的唯一要素——并启动迂回生产方式,那么利用这些劳动者,他们将获得比即获生产更大的回报。如果我们希望在价格领域追寻这一过程,我们会注意到两个趋势:第一,劳动者的工资将会上升。因为只有更高的工资才能吸引劳动者离开之前的岗位。然而，如果引入迂回生产方式仅影响经济体中相对较小的部分，这种变化可能不会非常显著。如果我们想象那些一直从事即获生产工作的企业家，现今在引入迂回生产方式的时候依然雇用老员工，那么这种变化甚至可能完全缺失。第二，更具有重要意义的是，在迂回生产方式完成之时，我们一定会预期产品价格下降。这是因为在迂回生产中可以生产更多的产品。由于价格的这种变化，由迂回生产方式而来的更高生产力留下的、在劳动力成本以上的利润空间将减小。我们现在看到了，一个正确的企业家决策，必须保证这样的空间存在。因此，只有在劳动力成本和产品价格之间存在这样的跨度时，才能采用迂回生产方式。

为了清楚地说明这一点，我们使用之前的一段表述。企业家扩大生产有两种可能的选择：他可以雇用更多的劳动力，或者延长迂回生产过程。雇用更多劳动力的情况是明显的，生产将以线性扩张。在同样的即获生产中，两倍的劳动力会产出两倍的产品。[7] 然而，这种情况下如果要采用延长的迂回生产方式，还需要有额外的东西来助力。

不可否认，迂回生产方式的扩展如果是“巧妙选择”的，那么从生产要素的消耗到最终产品的获得的过程中，增加时间跨度可以增加回报。既然出发点已经确定，使得迂回生产方式可行的方法必须被视为增加产量的手段，就像增加任何原始生产资料一样。我们将“使得迂回生产方式可行”的生产要素标记为 P_1，正如我们称呼劳动力和土地为生产要素一样。P_1 可以与另一个生产要素 P_2“组合”，例如人工劳动，它们可以组合的方式存在着广泛的多样性。然而，两个经济生产要素的相互作用必须遵循收益递减原则。[8] 这意味着给定数量的 P_1 与越来越多单位的 P_2 的组合将带来越来越少的产出。我们首先介绍了生产要素之间互相作用的原则的推导过程，并说明了农业生产收益递减法则，然后我们立即认识到这是生产要素组合的一般原则：如果单单增加 P_1 的使用就可以获得成比例增加的回报，那么就没有人会尝试在生产中增加 P_2 要素。由此

〔7〕 不能认为这里会出现递减的收益，因为我们假设劳动是唯一的生产要素。

〔8〕 这里比较一下第 62 页及随后几页的解释。

得出，如果给出 P_1 和 P_2 的任何组合，那么通过添加 P_1 或 P_2 的单个单元，实现的产量增加是“逐步减少的”。因此，边际生产力法则适用于 P_1 和 P_2。无论是哪种生产要素，无论是劳动力还是土地，或者是“使迂回生产方式可行”的要素，都无关紧要。我们现在已经对资本的雇用运用了边际生产力法则。在我们的例子中，使用自由资本使得迂回生产方式可行，而且这个通过延长迂回生产带来收益回报的“生产要素”就是维持生计基金，那么这个要素也会按其边际产出得到相应份额的回报。

再回想一下我们先前的表述。企业家承接消费者的需求，并将其转化为对各种生产要素的需求。他将能够根据要素的边际生产力为每个生产要素付费。在这样做时，他会更喜欢那种以较低成本为其提供更大回报的生产要素，而对于那些边际生产力低于其采购价格的生产要素的单个单位，他会减少它们的使用，直到其边际产出与其价格齐平。至于有些生产要素，增加使用其单个单位不能带来高于其成本的产出增长，也不会被企业家使用。这不仅适用于劳动力和土地，而且适用于维持生计基金。当生产“正确地”开展时，企业家不仅可以将这份维持生计基金返还给基金的提供者——正是他们让迂回生产成为可能，企业家还会向他们支付利息。前者是显而易见的，因为生产中使用的维持生计基金的规模与工资总和相同。此成本支出必须由产出覆盖。但后者也很清楚，因为用于支付工资的维持生计基金的每一份“配额”不仅意味着可以雇用一个劳动力单位，而且意味着在生产的早期就可以使用这个劳动力，其使用时间与这份维持生计基金在生产过程中被绑定的时间长度相同。如果缺失了这份维持生计基金，尽管劳动力仍然可以被雇用，但将是在生产的最后阶段，此刻劳动者的工资将可以从收益中直接获得。在维持生计基金的配合下，劳动力就可以更早地被雇用，从而带来回报的增长。产出的增加是这种情形下唯一的结果——增加的回报依靠于维持生计基金被使用的这一前提。因此，维持生计基金的使用必须在劳动力的消耗和产品的销售之间创造一个时间跨度。回报的一部分可以用边际生产力来描述，并且取决于维持生计基金的耗用。基于此，企业家可以按边际产出来支付利息。〔9〕然而，当有限的资本供应面对着资本需求，当这个需求是利用资本来增加产出、延长迂回生产方式时，企业家将必须支付资本利息。只有当企业家能够支付资本利息时，他才能跟上资本市场上与他竞争的企业家的步伐。

我们先前注意到，采用迂回生产方式能够带来高回报的预期，会趋向于降低边际利润，一方面由于它导致了工资的上升，另一方面则是由于产品价格的下降。现在可以简单陈述为，选择迂回生产方式的情形与引进任何新的生产过程的情况没有什么不同。当任何新的生产过程开始时，企业家必须吸引生产要素，而且当产出增加时，他将降低它们的售价。在“正确的选择”下，即使在实际情况中存在这些弊端也不会带来损失，因而企业家才会开始这样的生产过程。显而易见的是，单一企业家的出现，通常不会推高生产要素的价格，也不会严重压低产品的价格，因此他暂时还没必要考虑这两种趋势带来的问题。我们提出的这个案例，仅是为了把它应用于引进迂回生产方式的情形：企业家只会采用产生收益盈余的迂回生产方式，这样才能允许他在支付其他成本之外，还能够负担资本利息。

剩下的工作就是应用我们已经熟知的这一系列推理。进一步地，我们把维持生计基金作为一种资本形式。形成的这种资本越多，可以引进的迂回生产方式就越多越长，直到最后所有生产都使用迂回生产方式。这些由迂回生产方式而带来的更高生产力实际上各不相同。那些带来最大资本回报的迂回生产方式将是首选。因此，这些变化不仅限于采用不同生产过程，或者不同生产过程的此消彼长，而且包括在单个生产过程中延长或缩短迂回生产方式。在资本市场上交易的不是维持生计基金本身，而是直到偿还之前仍可使用的自由资本，也就是符合“资本乘以时间”

〔9〕 克努特·维克赛尔(Knut Wicksell)将其表述如下：“资本是节省下来的劳动力，是节省下来的土地能源；资本利息是节省的(储存的)劳动力和土地能源与当前(现有的)劳动力和土地能源的边际生产力之差。”(*Lecutures*, vol. 1, p. 154)。

表达式的东西。最后很明显，在平稳运行的模式中，这个对象必将在资本市场上以统一利率形式出现价格。资本所有者将争取实现最高利率；由于迂回生产方式的更高生产力，企业家将能够偿还他们收到的资本外加利息。资本所有者的供给面对着企业家不同层级的需求，层级之间的区别在于单个迂回生产方式提高生产力的程度，以及它支撑不同利息的适合程度。正如每个价格的形成一样，能够支付最高价格的需求将成功获得资本的供应，在这种情况下即最高利率。只有能够产生与市场利率一致的盈余回报，生产方式才会被真正实现。那些无法支付自由市场利率的迂回生产过程则一定不会开始。资本需求的分级不仅取决于实现丰盛回报或微薄回报的可能性，而且取决于带来不同回报的每个生产过程的持续时间。因此，我们看到了资本利息的决定性作用：它本身使得企业家能够确定迂回生产方式的时间期限。降低利率可以将资本投资于更加冗长的迂回生产方式，即资本"边际产出"较低的那些，而利率的上升迫使缩短迂回生产方式。

如果企业家在生产过程中使用资本，那他需要考量的成本因素完全取决于利息的高度，而不取决于其他，比如他计划使用的作为资本的维持生计基金的规模。对于这里考虑的情况——企业家由始至终地生产，并无资本品流入市场——资本等同于企业家在产品完成之前必须"预支"给劳动者的工资总和。情况很简单，不仅每个早期的工资支出必须在其产出中找到对等的部分，而且该产出还必须包括资本利息，这是由该资本被"绑定"的时间长度决定的。维持生计基金的任何其他用途都无法在价格核算的框架中得到合理解释。在复杂的经济中，资本所有者必然会以这样的方式投资其维持生计基金：每次投放资本时，他就按市场上这段时间的现行利率收取利息。如果企业家无法承担这种"额外"的成本负担，他将无法获得资本。

然而，必须注意的是，由于资本的使用存在着上述多种不同情形，成本法则"机制"对资本的作用将比对其他生产要素的作用更为复杂。无论如何，边际产出原则也都适用于此。更多的资本意味着生产要素的增加，这将受到收益递减法则的制约。这里只简要陈述一点：生产组合的“巧妙选择”将更倾向于预期盈余回报较大的那种生产要素重组。这同样也适用于在生产中限制使用资本的情况。

一个企业家由始至终生产的情形是简单的，我们也不难将这个情形推广到一个实际的经济体中，其中的生产不是由单个企业家不间断地进行的，而是“纵向”分布地由许多企业家同时进行的。在这种情况下出现的问题是资本品价格的形成。由于这些资本品的价格以及静态经济过程中所有其他产品的价格显然都是成本价格，因此应该在此简要地说明不断进行的生产中成本支出的影响。在拆分这种生产时，资本品交换发生的价格将对应于其生产过程中支出的成本。生产过程中原始要素的支出在每一时刻决定着产品的成本价值，也就形成了成本价格。因此，通过遵循成本法则组织的生产，在资本品离开企业进入市场时，整个生产链条的成本消耗也就决定了其市场价格。现在毫无疑问，对于每个先前消耗的资本单位，利息是根据资本被捆绑的时间长度计算的，并且必须包括在成本中。同样不容置辩，利息也必须根据资本被捆绑的时间长度计算为资本品的成本因素。最后同样清楚的是，无论在何处使用资本品(机器)来增加产出，由它多产出的产品只能在一个较长的时间期限里完成，那么在利息成本的核算中，将必须考量投入到这个生产要素的资本被绑定的平均时间长度。因此，耐久资本品的价格形成原则将以与中间产品相同的方式生效。

但是，如果资本利息成为选择迂回生产方式长度的选择原则，那它也将决定自由资本能够转化为耐久资本品的程度。耐久资本品只能通过自由资本的投资来实现，就像中间产品一样。生产耐久资本品的企业家选择了特别长的迂回生产方式；他将自由资本投资于迂回生产方式，而这自由资本也只有在将来才可能被完全释放。因此，很明显，较低的利率将有助于形成耐久资本品。由此可见，利息计算对于迂回生产是多么必要。没有利息计算，就绝对不会有迹象能够表明资本被绑定的合适程度，使得用于耐久品的投资不会面临自由资本这种互补财货的短缺。稍后将有更多关于这种关系的说法。

6. 资本供应

我们先前指出,新资本只能以自由资本的形式出现。这部分生活资料是经济主体的收入所得,它没有被消耗掉,而是供应给迂回生产方式。市场经济中任何新资本的唯一来源[10]是收入的使用目的之改变。一个赚取收入的人,把这些本可以消费掉的生活资料用来启动一个迂回生产过程。我们可以这样勾画迂回生产方式的前提条件:一份维持生计基金提供给一位企业家,企业家在此帮助下开始了一个迂回生产方式,而且他只能在将来用这个生产的收益来偿还他的债务。企业家用自由资本购买生产要素——让我们首先假设他需要支付劳动力的薪酬。现在这部分自由资本将被劳动者消费,而企业家拥有了一些资本品,即那些经由工人转化的原材料或工人生产的耐久投资品。一旦生产过程完成,最初消耗的自由资本将被再生产出来(加上利息,但在此并不重要),并且可以返还给资本所有者。这种再生产过程的快或慢,取决于自由资本被如何使用。如果自由资本用于在消费相关的生产阶段支付劳动者,那么在生产完成时,它就再度自由可用了,并且以新的消费品的形式出现。如果资本被用在生产的早期阶段,那么其释放将耗时较久,因为在运用此资本的生产中,消费品只能在整个生产过程完成时才自由可用。然而,如果把自由资本投资于固定资本的生产,那么其再生的等待时间就会大大延长:在一个持续的过程中,运用此投资生产的消费品每次被完成并足够形成一份更新基金时,它才会相继释放。因此,自由资本捆绑到生产过程中的时间长度会有很大差异。然而,在生产过程中使用的每一部分自由资本,即使是用于"最重量级"的投资,最终也必须转变为资本的"原始形态",转化为自由资本。资本所有者可以再次将这个自由资本用于同样的用途:它仍

---

〔10〕 此处及稍后,我们暂不讨论自由资本的定性问题。

然可以为重复相同生产过程的企业家所用。在这种情况下,一度成形的资本得以维持;它或疾或缓地从资本品的形式再次转化为消费品的形式,然后再用于投资。只有在生产不成功的情况下才会发生损失。这可能意味着生产在技术意义上失败了;然而,在经济波动中,技术上成功的生产过程也会失败,因为它没有融入经济框架,也没有找到愿意为此花钱的相应需求。对此,稍后会有更多的关于资本投资流动性问题的讨论。

自由资本一旦融入生产过程,它只有在其产品完成时才得以再次自由可用;在某些情况下这可能意味着很长时间,这一原则与市场经济中存在更高的民间流动性这一事实完全兼容。这源于每个纵向分化的生产。当一个企业家生产一种资本品并将其出售给需要它的企业家时,它或许被用于更新资本投资,而企业家将会从此中收获自由资本。由此,之前投资于资本品的自由资本得以释放并能够被再次利用,特别是企业家可以用它偿还资本所有者借给他的资本。应该清楚的是,这里实际投资的资本在这个交易中不会变得自由,这里的两个资本所有者只是转换他们的立场:拥有自由资本的买方将其转移给企业家,以换取捆绑在资本品中的资本。经济中的自由资本与资本品(捆绑资本)的比例无法通过这种交换来改变。

在成本法则有效运作的假设下,我们已经讨论了资本品价格问题。每个资本品都代表着使用生产要素生产的某个特定阶段,最终目标都是为了产出消费品。正如根据成本法则一样,生产中所有支出的花费必然等于产品的售价,因此在生产过程的每个阶段,资本品的价格必然等于其生产所需支出的总和,或是产品的折现价格减去完成生产必要的支出。供求关系将对每次资本品价格与最大水平的偏离(deviation in the price of capital good from this height)做出响应,然后开始朝着调整成本价格的方向变化。显而易见的是,供应的有效反应通常出现得相对较晚,因为许多产品的生产需要很长的生产时间。在经济波动期间,资本与冗长的迂回生产方式捆绑在一起的事实可能导致资本品的显著盈利或亏损。第一种情况是产生了收入,如果储蓄起来,可以扩大资本的形成;第二种情况是必要的更新基金没有形成,因此资本被消耗了。对于资本品价格的形成,而且对于任何产品价格的形成皆适用的原则是:决定价格的是需求方企业家的支付意愿以及能力,而不是他的生产支出的大小。要是可预期的产品收入很大,资本品价格会反映出这一点;要是预期收入较小,则价格将下降且与其生产成本无关。唯有在资本品的供应有变化时,价格的调整才会向其实际成本倾斜。

一个经济体中可用的资本供应、可用的自由资本和现有的资本品在连续生产期间不停地运动。自由资本不断地被捆绑,而新的自由资本从资本品中不断地生成。显然,资本所有者会比其他生产要素(劳动力和土地)的所有者在经济过程中受到的波动更大。如果不能成功生产,资本的损失就会迅速地降低自由资本的形成程度;丰厚的利润将使新资本的进一步形成成为可能。在不同企业发生的各种生产线上的运动(movements)效应的总和,决定了可用的自由资本数量,从而确定了采用迂回生产方式的可能性;由此,它们也决定了仅以迂回方式生产的经济体中成功生产的规模。

值得一提的是,人们花费了大量精力,试图以供给曲线的形式呈现新资本的形成。既然储蓄者节制消费并提供资本,他因此而得到的资本利息的补偿就是作为"储蓄行为"的薪酬。[11] 那么一个问题出现了:储蓄数量与利息高度存在什么关系?必须注意的是,这个例子中运用的论证很难得出一个精准的结论。可能有理由说,更高的利率将刺激储蓄,继而新形成资本的供应将在高利率下增长,而且留存资本避免消费的行为也将带来更大的奖励;另一方面,低利率不仅会导致储蓄减少,更重要的结果是,那些阻止人们消耗资本的障碍将减少。然后人们可以得出这样的结论:利率不可能降到一个特定的最低水平之下,新资本形成的缺乏和资本消耗的增加将显著降低资本的供给,那么利率将不得不上升。无可争议地存在着这样的一般联系,但我们必须在此指出,相反的关系也可能

〔11〕 显然,这种表达方式被错误理解为一个价值判断("公正"工资,原文"just"wage)。更正确的提法是:"牺牲消费行为的经济接续者(economic successor of consumption sacrifices)。"

存在：为了从利息中获得某种收入而进行储蓄的任何人，在高利率下会提前获得这种收入，因此也更快地停止储蓄。无疑这种情况是可能的，那么储蓄与资本利息之间的必然关系则永远无法用一个一般性的原则来确定。

7. 资本形式生产中原始生产要素的价格

遵从于价格一般法则和边际生产力原则，在理论上确定自由市场的工资率并非难事。价格将在劳动力供给等于企业家需求这一水平上形成。由于企业家必须根据边际产出的规模来调整需求——他无法提供更高的薪酬，否则他将会因为雇用劳动力而遭受损失，他也无法以更低廉的价格雇人，因为劳动者可以在其他地方找到工资与边际产出相当的工作——劳动力的价格会与边际产出的价格一致。如果我们这样认为，劳动力的供给是根据其紧迫性分级的，那么薪酬就等于就业人群中"最昂贵"(市场上有最多供给的价格)的劳动力的供应价格。〔12〕 这样，我们就确定一个原则，并据此来决定产出中劳动力所占的份额。在即获生产的情况下，这就足够了。然而，当考虑耗时的迂回生产结构时，情况是复杂的，因为工资总额的规模也取决于工资资本的数额或者可用于支付工资的那部分自由资本。

这点很容易看出。我们先不考虑土地这个第二原始生产要素的合作效应，也不考虑即将完成消费品的最后生产阶段所独用的人工劳动，这样产品就可以在不需要提前支付工资的情况下完成。〔13〕 很显然，所有其他

---

〔12〕 这里让人想起著名的 Thünen 公式。在边际分析的意义上，如果我们将数量 a 解释为最小工资(支持)的代表，那些受最低社会压力影响的就业劳动者仍然愿意工作，如果——仍然符合边际分析——我们将数量 p 解释为仍然雇用的"最后一名"劳动者的产出(劳动的边际产出)，那么 a 等于 p，工资的高度由这些数量中的每一个来确定，或者由公式确定：

$$\sqrt{a \cdot p}$$

〔13〕 这就是说，从该劳动要素被雇用到最终消费品的获得的这段时间，不具备"经济意义上的相关性"。这样的劳动要素在此被忽略了。还应该清楚的是，所考量的生产仅仅将相对较小的一部分劳动服务排除在分析之外。

劳动者都会生产出一些只能在以后作为消费品享用的东西。在他们的劳动成果逐渐成为消费品的同时,他们必须要有一些维持生活的手段。必要的维持生计基金必须要提供给他们,不然就无法开展迂回生产。〔14〕无论是谁提供这个维持生计基金,其职能都和资本所有者一致;他们提供现有财货,以谋求在未来将其收回。

非常重要的一点是:要时刻记住在整个经济进程中融入的资本投资过程。在消费品生产的上游生产过程中,企业家支付劳动者工资,随即获得完工物料形式的回报价值,加工过程使物料增值。通过由众多独立公司组成的纵向生产结构,产品得以在市场中销售。售出资本品后,企业家立即收到同等价值的东西作为回报。“预支”劳动力的必要意义是为了获得从支付劳动者到销售产品之间的时间;虽然资本品通常只能在很长一段时间之后才能实现,然而如果最后阶段是通过利用资本品来制造消费品,那么在劳动力雇用到成品产出的这段时间里,“预支”并不是必需的。因此,这种情况出现在企业家的计算中:从劳动力的引入到产品销售,其自由资本必须使生产成为可能。企业家不再注重所产出的是成品消费品还是资本品,后者可能只在很长一段时间后产生消费品。从实物商品角度的分析尤其表明,作为资本运作的维持生计基金是采用耗时的迂回生产方式的先决条件。对上游生产过程结果的偿付,只能以生活资料的形式进行,这是因为执行上游生产过程的企业家只能用生活资料来支持那些非消费品生产者。如果以这种方式使用维持生计基金,则意味着它投资于生产,它仅用于在未来生产成品消费品。以这种方式投资的资本只有在生产过程完成后才能再次获得释放。在这整个时期里,资本持续地被绑定于生产过程中,必须用于弥合投资与释放之间的这段时间。我们

---

〔14〕如果劳动者自己拥有这个维持生计基金,那么在这方面他自己当然是一个“资本家”。然而,理论分析必须考虑到要素的各种功能如何区分,只有这样,每个生产要素的功能——在迂回生产中,其中之一就是自由资本——才能在构建生产的过程中正确地识别出来。如果劳动者和资本所有者之间的“角色同一”在实践中比当今实际情况更具意义,那么这也是有效的。

也看到了，生产同步化不会改变与这种关系有关的任何事情。[15]

因此，只要在迂回生产方式中使用劳动力，其资本消耗就依赖于维持生计基金的给养。我们已经提到过一种错误的认识，即简单地不恰当地将已完成的消费品看成是经济中可用的，也就是在考虑同步化生产过程(synchronized production processes)完成的时期内把成熟消费品作为提供给劳动者的可用资金。这些消费品也都是资本，只要它们的所有者把它们当作资本使用，或是把它们用于投资。对于这种情形，我们之前使用的短语是："再生产性消费"。

在迂回生产方式中，如果支付给劳动者的薪酬只能来自作为资本的维持生计基金，那么从这点出发可以决定工资的规模。当我们说劳动者从产出中得到的份额取决于劳动边际产出的大小时，我们是在某种意义上陈述劳动者的生产力是决定工资高度的基础。我们现在看到了一个非常不同的劳动工资决定因素：**可转移给迂回生产方式所雇劳动者的生活资料，不会超过资本所有者储蓄的并且用于投资的生活资料**。因此，工资总额规模与消费品产出中储蓄与投资的份额规模相同。[16]

现在重要的问题是如何去决定最佳工资，这既要考虑我们所了解的工资基金的性质，又要兼顾边际生产力的重要程度。尝试从导致工资基金问题的原则中推导出最终结论，那么这个问题的答案可以毫无困难地找到。我们预设我们所探讨的是一个生产过程，一个具有"经济意义上的

---

〔15〕 这里必须重申一件事：对于一个资本家来说，他的资本被投资于，举例来说，一种持续两年的迂回生产方式，实际上他不必等上两年才能释放他的资本。他可以出售产就的资本品，并获取自由资本回报。然而，只有在另一个资本家能够腾出自由资本付款，并且——可以说是取代第一个资本家的位置——将其资本捆绑起来，直到生产完成或新品出售之前，上游商品才能被售出。如果投入的资本在生产完成之前以这种方式获得自由，那么从超越个人情形的角度来看，这只是"流动性地位的人际变化"。这种变化再次出现，尤其是在同步生产过程中(即每当资本品由不同的企业家从一个生产阶段转移到另一个生产阶段时)不会偏离这样的事实：即使在同步生产中，用于购买资本品的自由资本之所以存在，只能是因为在先前的另一个生产过程中，已经创造了承担自由资本功能的消费品。如果没有认识到同步不能改变迂回生产的本质，没有认识到同步化生产同样如此，也没有认识到只有在"自由资本"可用的情况下才能实现迂回生产方式，就导致了反复出现的严重错误。

〔16〕 因此，工资基金不仅是新储蓄的消费品产出的一部分，而且包括那些早先得以储蓄并维持至今的部分。

相关性”时间段，从开始雇用劳动力到实现消费品成品的期间内，劳动力需要给养的支持。此外我们必须考虑到，在资本形式生产中，迂回生产方式或大或小的扩张都是可能的，其意义在于增加收益，而扩张的极限是所需支持的可获得程度。在特定的时间段内，工资基金一直履行着给养劳动者的职能。如果我们将时间作为一个变量，工资基金必须证明它足够这段时间使用，那么边际生产力法则与工资基金分配之间的联系就开始显现。

工资基金必须在迂回生产方式期间足以支付劳动者工资。如果不足支付，则表明选择的迂回生产过程过长。自由资本供应不足必然会推高利率，从而迫使迂回生产过程缩短。由于缩短的迂回生产过程相当于较低劳动力边际产出，因此工资必然下降。同时，就业人数将下降(具有与劳动力的供应相应的形状)。因此我们看到，由于工资基金供应不足，迂回生产过程的长度下降、工资下降、劳动力数量将减少。由此带来劳动力需求的调整，其根据是工资基金的大小。必须记得，这种调整是利率所要求的。当工资基金大于给定生产结构产生的劳动力需求时，我们看到的情况相反。降低利率将导致迂回生产过程延长、工资上升，在某些情况下带来就业人数增加。在这两种情况下，在整个迂回生产过程期间，生产结构中均有充足的工资基金根据劳动力边际产出的规模来支付所有雇用的员工。[17]

在迂回生产方式学说的框架内，必须注意关于工资与资本之间关系的两个重要原则。一是存在劳动力与工资基金的互补性原则，即只有在

〔17〕 在第 122 页文献第一条通类提到的文章中，我用公式表示了这些关系。如果 W 是工资基金的大小，l 是劳动者的数量，r 是划分给工资基金的配给数量，p 是在迂回生产方式期间发生的支付数量(例如，周薪)，最后，m 是边际产出的大小，可以制定以下方程式：

$$W = l \cdot r \cdot p$$
$$r = m$$

如果工资基金不等于工资基金方程右侧的水平，则左侧的三个数量都会因利率的变化而发生相反的变化。如果 W 较小，利率的上升将减小 p 的水平(通过缩短迂回生产过程的持续时间)，以及 r 甚至 l，直至达到均衡。相反，较大的 W 将导致较低的利率，并使得等式右侧的值增加。

在本文中，笔者指出了第二种可能的均衡趋势：如果 W 值太小且利率上升，则可能发生如下情形——更多的储蓄导致自由资本供给的增加。

在这种情况下，等式右侧的下降程度将与 W 值的上升程度形成对比，从而促进均衡的形成。如果利率下降，则发生相反的情形。

工资基金可用作互补财货时,劳动力才可以用于迂回生产过程。二是资本的苛求性可以根据最佳工资延长或缩短迂回生产过程。关于这两个原则的陈述,还有更多的讨论。

劳动,除了用于迂回生产方式,还可以用于其他。要是劳动者采摘浆果,资本支出就不是必需的——劳动者将靠每日劳作产出来生活,或者,个别地靠产出换取的收益来生活。这样,只有很少数量的劳动者可以生活,靠着非常有限的生活资料。此外,今天我们的生活中已经找不到很多这样的例子了,我们已经与即获生产方式相去甚远。在迂回生产的最后阶段,生产时间非常短,甚至都不需要给工人预支工资,因此用维持生计基金作为劳动力的互补财货也不是必要的。我们已经提到了面包师的例子。在这方面,让我们再说一点。一个经济体的资本供给越充足,与上游的生产阶段雇用的劳动力相比,在生产最后阶段雇用的劳动力的重要性就会降低越多。相对于总产出,在现代面包工厂中直接生产面包的劳动者数量将大大低于原始手工作业条件下的劳动者数量。在第一种情况下,更多的资本使得采用更长的迂回生产过程成为可能,并且延长迂回生产方式的本质是在整个生产进程的过程中,劳动力支出时间推移到消费品生产之前的生产过程。前文已经详细解释过,在延长迂回生产方式的过程中,耐久资本投资的形成只是其中一个特别重要的事件。但是劳动力在生产进程中转入早期阶段得越多,那部分劳动力占用产出份额就越大,其雇佣只能通过利用互补性工资基金来实现。

现在,对于可行的迂回生产过程的长度,有决定性作用的不仅是工资基金规模的大小,而且有分配给劳动者的产品份额的大小。配额越小,工资基金的生产力就越大,可以开始的迂回生产过程就越长,生产回报也就越大。因此,暂时的低工资将有利于增加生产,从而使更高的工资成为可能。然而,**鉴于这一必要条件**,更大的生产产出将扩大资本的供应,也就是说,会出现储蓄。工资价格的形成,理论上来自自由竞争市场条件下的供需调整,因此工资水平和可用资本的生产力能够被明确确定。劳动者可以接受的酬劳不会低于他的边际产出。通过利率调节的迂回生产方式的长度将使工资基金足以作为工资总和。然而应该引起我们关注的情况是,劳动市场中并非所有准备工作的劳动者都可以被雇用。我们不考虑摩擦失业的情况。我们也不从技术角度来讨论失业问题,无论是否所有愿意为现行工资价格工作的劳动者都能找到工作,或者,是否仍有寻找工作的劳动者只愿意为更高的工资工作。

然而有两种情况,在给定的工资价格下,劳动者的供给可能大于对他们的需求。第一种情况:工资价格被来自市场经济之外的工资法令固定在自由市场价格之上。第二种情况:在自由市场中形成的工资价格下,有更多的劳动者愿意工作,但是并没有那么大的需求可以承担。〔18〕让我们首先考虑这两种情况中的第一种。

当工资被人为地维持时,迂回生产过程(我们在提出工资基金等式时提及)的劳动者数量、最佳工资和生产长度的调整过程无法不受其妨碍,因为最佳工资是一个被固定的数量。显然,这个数量的刚性必然导致其他两个量的水平更为强烈的变化趋势。若其他条件保持相同,工资的上涨会减少劳动者的数量,缩短迂回生产过程的长度。即使工资率保持刚

〔18〕在第一种情况下,自由市场的价格将是 OA。在此价格下,供应量将等于需求量(OM)。高度 OB 的从价税导致需求下降到 OM',而在这个工资下,劳动力的供给等于 OM''。在第二种情况下,自由市场上的工资将由供需曲线的交叉点决定,但在这个价格下,供应的数量 OM' 对应着需求的数量 OM,因为劳动力的供给曲线在交叉点的右侧是水平移动的。劳动力供给 MM' 在这个工资水平找不到工作,因为在这个工资水平上,供给大于需求。尽管供需之间存在这种差异,但这种供给无法起到降低工资的作用,因为它只愿意为工资价格 OA 工作。毫无疑问,这两种失业情形都是可能的。这两种情形中哪一个在实践中更重要,这是一个将此方案应用于现实的问题,而不是理论问题。这里只说第二种情况,如果一个国家的生产力由于某种原因(例如,从更全面的地际劳动分工体系已经解体或资本供应相应减少)已显著减少,那么这种情况就会发生。"周期性"失业将在以后需要特别考虑。

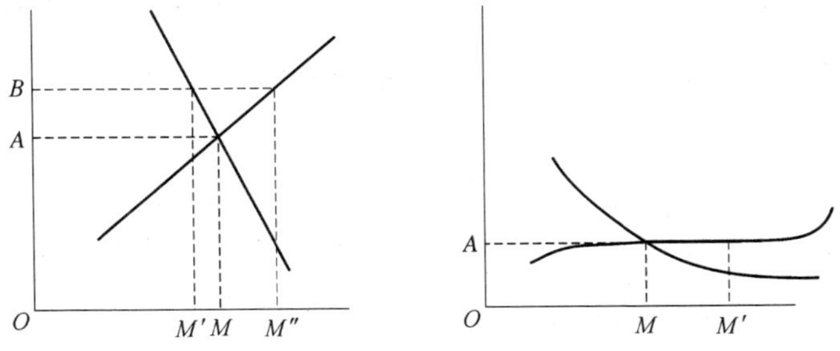

性，其他两个量的程度变化也会调整，使位于工资基金等式右侧的三个量的乘积等于工资基金的大小。

但是，必须要注意这里的一点。将工资维持在这个高度的结果是，企业只能在劳动边际产出提高的情况下雇用劳动者。如果我们完全忽略了改变迂回生产过程长度的可能性，那么只有当存在“更有利可图”的生产可能性时，同时人们也必须放弃不那么有利的生产时，生产力才会提高。因此，调整的方向将是限制那些由技术原因带来高成本的生产(例如不利位置)。此外，调整还会让人们避开所有只会带来更低营收的生产过程。因此，这些变化过程趋于消除最低效的劳动力，以达到提高边际产出的目的。然而在另一方面，缩短迂回生产过程长度的趋势将导致边际产出的规模减小，这将违背第一种趋势。这种冲突想要得到解决，显然，在第一种趋势中减少劳动者数量，比在第二种趋势中缩短迂回生产方式更为显著有效。显然，雇员人数下降越多，划给劳动力工资基金配给的增加对缩短迂回生产方式的影响就越小。

在关于失业的第二种情况中，工资是自由市场价格，尽管劳动力供给大于需求。这种情况仍然与第一种情况类似，因为最佳工资是刚性的，这只是因为供应有着特殊形式。在这种情况下，就业数量的调整将会发生，以适应迂回生产方式的长度，这不应该产生更多的理论理解困难。

在这里，我们需要简要地指出这些失业情况必须如何归入经济发展的历史过程。“人为的”工资增长将导致调整问题，在所有情况下都可能导致资本消耗。这是因为已经投入的资本量，即资本品(尤其是固定资本)的供应必须调整以适应新的条件。实际上，这意味着投入资本不可能毫无损失地被完全释放。忽视这个过渡时期，过高的工资必将纳入静态经济体系的进程中。〔19〕其自然而然的后果将是劳动者无业可就。消除

〔19〕 这里经济理论要解决的问题本质上与相应数量的劳动力减少的情况没有什么不同，例如，通过移民迁出。在静态系统中，工资的上涨相当于劳动者数量的减少。另外需要注意的是，只要失业人员是“以经济为代价”维持的，即在维持失业人员的补贴成为生产成本的情况下(失业人员的维持不是来自其他收入)，这里也是如此，将此情形纳入静态系统是可能的，尽管成本的上升必然再次意味着对生产可能性的限制。

失业只能通过两种方式实现：经济条件将朝着使生产可行性更加有利的方向改变[20]，或者降低工资水平，这是消除失业的唯一其他可能性。假设之前工资被人为地拔高只是因为最佳工资被自由市场之外的力量所决定，那么工资贴合自由市场的价格将是自由市场对此情况的调整。然而，因为劳动力的供应结构也会导致自由市场中的失业，工资的降低只能源于持续的失业带来了不断增加的社会压力，劳动力的供应结构发生了变化，劳动者的"期望值"也因此降低了。

除劳动力外，现在还有必要探讨第二个原始生产要素。我们一直将土地的表现等同于劳动的表现。因此，这里假设我们有一个原始生产要素，它融入生产中并只在以后带来产出，然而对其未来所得的支付必须在现在完成。自由资本或用作自由资本的维持生计基金，不仅仅是支付工资的基金，而且是支付工资和年租的基金。现在让我们试着证明这个观点。

我们需要寻找一个特别的证明方式，因为给土地所有者的预付款——在最终产品产出**之前**的付款——并不像给劳动者的预付款那样必要。在某些情况下为其工资必须等待数年，劳动者饿死了就无法工作，而土地的生产力绝不会变得更糟，即使土地的主人自己死于饥饿。考虑以下情景：土地所有者使其土壤可用于生产，只在以后才获得其（土壤的）产出份额，与此同时他还靠其他手段维生——可能作为劳动者或资本所有者。显然，这是一个人的不同职能的组合，为了以纯粹的形式呈现供需关系的形成，我们总是假设这些职能分布在不同的个人身上。然而，要是我们将土地所有者看成一个专门控制土地生产要素的经济主体，那么结果会是这样的画面：土地业主在市场上逐步地将土壤的生产性贡献出售，就像劳动者出售劳动一样。成品作为土地生产性成果的"经济继承者"只在之后出现，就像劳动力的情况一样。最终毫无疑问，正如使用劳动力的情况，先前的土地支出会带来产出增加。因此，土地的贡献以与劳

[20] 继续沿用前面介绍的例子：限制劳动分工的措施被取消；资本供应增加，但在这方面发生这种情况的可能性也许不是很大。

动力相同的方式，完全融入迂回生产方式的分析中。

这与经济的社会组织无关，无论是否存在土地的私有财产制，情况都是这样。在这里，我们不关注谁可以消费产出，而只关注生产要素在迂回生产中如何被使用。如果国家是所有土地的所有者，它可以将土地上的回报转交给任何它喜欢的人。土地的具体使用不依赖于相应的先前自由资本补偿；也就是说，不依赖于工资和年租基金。同样可以想象的是，从经济角度来看，这种自由资本份额是一种年租基金，将用于支付迂回生产方式中的劳动者，或者作为额外的工资，或者为了延长迂回生产方式。很明显，这种情况应如何与我们的分析相结合：国家汲取了地租“收入”，不是将其作为提供土地“生产性服务”的报酬，而是投资于延伸迂回生产方式。然而，这并不会改变这样一个事实，即土地在迂回生产方式中起着原始生产要素的作用，而且它的使用方式，尤其是在前期还是后期采纳土地的生产性服务，决定着产出的规模。

8. 替代原则与价格的横向连通性

如果认为，在一个平稳运作的市场中，同一类商品只能产生一个统一的价格，那么一个延伸的想法、由此推广的定律将认为相互替代的商品可以达到相同的价格。很明显，可以互相替代的商品价格差异将导致供求形式的变化。这可以通过消费品领域的例子做最直接的解释。如果两种商品A和B(例如食品)可以基本上用于相同的用途，但是A商品比B商品贵得多，那么对A商品的需求会下降，而对B商品的需求会上升，因而开始导致两个价格趋于相等的变化过程。[21] 产品价格的这种相互关联性也会反映在生产要素价格的连通性上：由于对商品A的需求是由商品B的价格共同决定的，适用于商品A的生产要素价格也将由仅适用于商

[21] 如果在A的生产过程中必须使用一个特定的生产要素，而此要素无法更多地被雇用，因此限制了生产的扩大，价格的完全相等也可能不会发生。众所周知，在这种情况下，由于其较高的价格，较昂贵的商品可能会被认为是没有“客观”理由的奢侈品。

品B的生产要素的价格共同决定。

我们在这里主要关注的是生产要素之间的替代可行性带来的价格相互关系。比如说,就有可能用非熟练工代替熟练工;大量的非熟练工人可以偶尔替代小单位数量的熟练工人,这种替代可行性必然反映在两种价格的关系中。此外,劳动力和土地可以互相替代:单个企业家的生产可以通过增加劳动力或增加土地(和分别限制*)来扩大。事实上,我们这里面对的只是收益递减原则的特殊应用。劳动力和土地价格之间的关系将决定这些要素在生产中的使用。

最后,原始生产要素——主要是劳动力,与资本之间的替代是可行的。这是常见的观点,认为(相对)昂贵的劳动力将会被便宜的机器电力取代[22],反之亦然。然而,由于每一项资本品都只是先前支出的原始生产要素,因此替代的方向将是这样的:在更简短的迂回生产过程中增加劳动力的支出,或者在更长的迂回生产过程中减少劳动力(通过雇用更多的资本),反之亦然。企业家在核算成本时计算替代的可行性。当企业家考虑了目前给定的价格,特别在是现行利率下,如果直接雇用以前支出的劳动成果可以带来更大的回报,企业家将会在更大的程度上以资本品的形式雇用以前完成的劳动。对于企业家来说,劳动力的早期雇用一方面意味着利息带来了(劳动力工资的)成本负担增加;然而,另一方面,它意味着产出的增加等于早期与后期使用劳动力的生产力差异。因此结果是,在消费品生产领域雇用劳动力的价格与更早期生产阶段的雇用价格存在着关联,尽管由于劳动力重新分配的阻碍,工资的均等化不会出现。

这些简短的解释只是指出,如果人们回避思考由现行价格之间的关系带来的市场结构的变化,那么仅仅靠普通供需模型以及单独的成本原则根本无法一劳永逸地确定价格体系。我们只是试图强调这一事实导致了价格体系之间存在更强的相互联系。出于我们研究的特定目的,无须

---

* 限制某种生产要素实际上等同于增加另一种要素的相对量。——译者注

〔22〕 当然,劳动力和中间产品之间的替代也是如此:更昂贵的劳动力或更多的劳动力可以节省原材料,反之亦然。

进一步推演。当我们在后面设定一个价格体系,并且研究该体系结构的扰动时,我们将主要关注价格的纵向连通性。这与我们研究的主题有关:资本的特定功能是在纵向的不同阶段构建生产过程。在基于分工的交换经济中,这些阶段将由价格之间的关系决定。因此,对于资本分析,主要的关注点是价格体系的结构,关注于上下游价格的关系,即生产要素、资本品和消费品价格之间的关系。

9. 边际生产力和成本的形成:静态系统

在我们所有的解释中,没有什么比边际生产力原则更像是“陌生的现实”。这一原则的理论推导,跟我们提出的所谓农业收益递减法则一样,是一个合理的纯粹“理论构建”。几种合作生产要素中一种生产要素的增加不会导致产出同比例增加,这是符合常理的;产出的同比例增加只能通过所有生产要素的相应增加来达成。然而,要是一个人注重经验,那么事实上在许多案例中似乎存在相反的关系。那么,这表明边际生产力学说在理论上是正确的,但在实践中却是错误的吗?对于我们来说,常常有人认为自己可以指出理论与实践的矛盾,然而事实一直如此:理论只能作为一个整体应用于经验。认为可以将整体的理论结构肢解成部分并在实践中加以得意地驳斥的观点并不正确。前设是理论推导的前提,也必须包含在完整的理论中。我们必须确定记住了这一点,特别是在考虑边际生产力理论的时候。或许我们要更努力,使得我们在这个方面已经提出的内容的表述更加准确。

不过,我们首先列出各种可能的结果,而实际上这些可能的结果都已经发生了。我们需要区分三种情形。

(1) 边际收益递减或边际成本递升:在生产要素的既定组合下,其中一种要素用量的增加带来产出的增加,产出的增量落后于该生产要素的增量。相应地,生产要素按单位量逐步抽离将导致产出损失逐步增加。

这种情况对应于边际生产力学说所依据的前设。

(2) 边际产出与边际成本同比例增减：随着生产组合中使用的其中一种生产要素的增加，产出将以相同的比例增长；反之，该要素按单位量递减，产出将同比例下降。

(3) 边际产出递增或边际成本递减：生产组合中使用的其中一种生产要素的增加导致产出超比例增加；反之，该生产要素用量递减带来产出以较低比例的下降。

这些纯粹类型可以以各种组合出现。最重要的是边际成本递增与递减的组合。在这里，随着生产的扩大，边际成本从递增到递减的转变，以及边际成本从递减到递增的转变，都是可以预见的。同比例成本的情形在根本上被视作这些组合之间的连接。当拆分某个合作要素的边际产出时，并不需要关注整个成本曲线的情况，仅与所有实际变化都有关联的那一部分成本曲线更有重要意义。正是在这部分成本曲线中，我们要确定在哪些地方出现了边际成本递减的类型，也正是这些类型无法融入基于边际生产力理论的成本法则。这里的困难不仅在于在这种成本结构下，边际生产力在这里不被遵循。如果一个成本要素所有单位的使用都遵从这个法则，其支付也和边际要素带来的产出增加是一致的，那么这个支付可能大于生产的整体收益。人们不得不寻找另一种方式来解释生产要素价格的形成。但这还不是全部；即使生产要素的价格可以用另一种途径解释，成本法则机制也无法运作。一旦出现亏损价格，那么根据成本法则的模型，应该通过限制生产，让生产再次变得有利可图。如果"重新组织"生产意味着企业家将限制那些带来损失的生产过程，从而提高市场价格并同时降低成本，那么这一切将不再会发生。随着生产的每一项限制，企业家只会更多地推高自己的边际成本。他的兴趣不在于限制生产，而在于扩大生产，因为只有这样才能降低边际成本。由于生产中的每一项限制都意味着企业家提高了边际成本，因此，只能任由竞争对手以较低的成本供应市场。人们可以从这种关系中推断出，边际成本递减使得企业在自由竞争中无法维持，只有企业合并才能克服那些必要的生产限制，使生产成本适合市场价格。生产将不得不受到限制,直到产品价格的上涨超过与生产限制相关的成本的增加。而这种成本结构——边际成本递减——是许多现代企业的特征,换句话说,也就是企业没有完全利用其产能的情形。这被当作一种规律:当产能没有被充分利用的时候,以更低的成本增加产出是可能的,因此使用额外的生产要素会带来超比例的产出。只有在公司达到满负荷生产后,才可能以增加的边际成本继续扩大生产。因此问题出现在成本曲线的下降分支区域,并且这种困境会频繁发生。这种成本结构的成因可以在大量固定成本的投资中找到,当生产受到限制时,导致总开支("企业的准备成本")被分摊到较小的生产总量中。因此,只要这些投资允许生产成比例地扩大,在仅仅增加材料成本和"生产性"劳动力的情况下,降低成本就可以通过增加产量来实现。

必须承认这样的成本结构会频繁地出现,问题只是如何在这些情况下应用边际生产力理论。如果我们能够清晰地了解经济学理论构建**方法**中的一些要点,我们就能在这里得到满意的答案。

让我们用一个容易理解的例子来假设,在一个通常不会发生边际成本递减结构的封闭经济中,即使有一些企业的成本结构具有边际成本递减的部分,它们目前的成本结构也是在递增的阶段,也就是说,整体上成本法则稳妥适用。现在有 10 家成本递减的大型汽车企业,其经营情况是:如果扩大生产,就会降低边际成本。这些企业也因此意识到市场价格已经是损失价格,也正是由于其成本结构,没有一家企业会限制生产。如果限产,每家企业只会增加边际成本。其他企业不会限产,每个限产的企业只会使竞争对手受益、使自己受损。现在,为了理论分析,让我们假设一种现实中永远不会出现的情况。我们想象这些企业的成本结构突然转变,这样在这些企业中,边际生产力原则都能立即生效。尽管这不可能,但不难看出会发生什么。因为这些企业的特征都是在亏本生产,限制使用那些实际中可调整的生产要素,也就是限制使用"生产性"劳动和原材料铁(这里忽略其他原料),也不能改变情况。因此,必须尝试限制其他生产要素,例如限制已投资资本、机器、"以前的劳动力"和以前投资的铁。

现在，技术上不可能撤回这些生产要素——机器不能逆转为铁或是未使用的劳动——至少无法逆转为这些生产要素被采用之前的样子。但让我们想象一个奇迹的发生逆转了已投资生产要素，那么这个产业的情形就会马上改变。旧有投资将从这些企业撤出，因为在这些生产性组合中，它们没有带来任何回报；〔23〕它们在运营中蒙受损失，而如果用在经济的其他地方，它们却可能带来回报。特别是其他企业可以按当前利率(或者说，它们能无压力地应对这个利率)使用这笔已投入的资本。在这个“资本过剩”的产业分支〔24〕中，撤回固定资本可以改变其生产情况。撤回固定资本将会带来两种不同的影响：一是资本从10家汽车企业中的几个企业中完全撤回，那么只有少数企业存留而其他企业会被解散；二是每个企业都撤回一部分已投资资本，这样每个企业都以更有限的规模继续运营。无论通过哪种途径撤回资本，无论是5家大企业还是10家小企业存活〔25〕，结果将是对这些企业的资本供应减少，边际成本递减的情况也不存在了。只要边际成本还在下降，固定资本的撤出就依然有利可图。这个结果也实现了我们假设的情形，所有的生产过程最终都以边际成本递增的形式进行，因此就所有生产要素而言，边际生产力原则是有效的。

---

〔23〕 它们的折现收益价值等于零，而且其他的用途无法想象，后期的产出也无法预期，它们只能被认为是毫无价值的。换句话说，只要不能预期变化，以递减成本运营的公司的股票只能代表投资的“清算价值”。然而，在实践中，人们经常犯错误的是在计算中使用成本的价值，而不是用折现收益的价值。

〔24〕 显然，过度资本化可能发生在一个产业的一个分支中，影响或大或小的生产部分，但是却不可能发生在整个生产进程中。过度资本化意味着在固定设备上投入过多的资本，以至于产能的充分利用已经不可能，生产无法扩张到成本不再递减的程度，因为在整个经济体系中没有成本涵盖需求，即，在这一生产水平上为投入市场的每一件物品付费的需求。因此，这里的过度资本化是一种与需求结构相关的不正确的资本投资。然而，由于经济的循环性质，普遍的过度资本化是不可能的：每一项生产成果都可以期望从产出中得到互补性回报，而生产本身就创造了对其生产的任何产品的需求。问题只在于，那个需求能够负担的东西是否已经生产好了。使用生产要素多久之后才能得到产品在这里无关紧要，因为在一个“正确”的生产结构中，相应的维持生计基金必须供给于其间。只要有可能扩大对需求的满足，通常生产过多永远不会成为一个问题。很明显，我们在这里所说的一个行业的过度资本化只能被视为一个相对的行业，可能不会与过度捆绑自由资本(过度投资)，即与自由资本无法及时释放的投资方向相混淆，因而在此情况下，由于缺乏自由资本，生产进程无法完成。

〔25〕 这两种情况仅仅意味着不同长度的迂回生产方式，除非较大的公司可以简单地被视为小公司的倍增(具有同样长的迂回生产过程)。迂回生产过程长度的调整必然要考虑其拓展的营利性，特别是在这一生产领域，以自然地——通过价格联系，特别是利率——切合总体生产结构。

现在让我们从这个完全不现实的例子中得出一些结论。其中一个是即刻清晰的：**在任何情况下，在成本曲线的相关部分，对于任何单一生产要素，边际成本一直递增的生产结构是可能的**。我们现在要问：为什么现实中不会出现一个顺畅的调整，使得基于边际生产力原则的成本法则可以发挥作用？对比我们的例子，还应该发问：逐步降低的边际成本时常出现在生产中的条件是什么？然后还应该发问：类似于所示例子的情况最终是否会在现实中发生？

首先，有一点应该很清楚，我们的例子与现实之间的差异只在于一个单一的条件：事实上，自由资本的投资是一个在实际中已经完成的过程，因此无法逆转；一旦投入的生产要素呈现出一种物理形态，它们就无法任意地转变。如果不是由于这种在实际中受限的产品逆转难题，如果**生产要素存在着无限的可变性，即使生产要素已经在生产中的任一阶段形成了资本品，它仍然可以被无限制地调用，那么边际生产力法则就可以无阻碍地发挥作用。**

然而，在考虑现实情况时，当人们已经发现大量的生产过程出现了资本过剩，不正是因为固定资本不能从投资中撤出，才导致边际生产力原则失去其所有意义吗？在这里，我们得到了与我们的例子相关的第二个问题。

边际生产力法则可以约束生产要素的使用，使其归于不同的适用层级，这一过程正发生在真实经济中。在我们的例子中，这个过程却没有发生，这是因为我们假设先前投资可以被逆转。对再投资持续增加的需求带来了由成本法则主导的生产要素再分配；即使再分配的变化过程是毫无阻碍的，这个过程也只会缓慢发生。事实上，一旦发生投资，将无法被逆转。[26] 但是，已投入的资本也不是永远都要被绑定、无法逆转的。每台机器都会报废；如果生产要维持下去，就必须替换它们。然而，如果不断注入新的自由资本却不能带来回报，用这种方式维持的资本投资也不

〔26〕 在私营经济中，已经进行的投资有时可以通过将其换成流动资产来扭转(例如，通过出售单个机器)，通常这样做可能需要遭受重大损失。随着公司的解散，其“组织价值”也丧失殆尽。

可能持续。经济中某个希望投资的资本所有者,一定会寻找一个可以带来利润的投资机会,然而目前以递减边际成本维持生产的企业则与之相悖。在递减的边际成本下运作的耐久资本品投资,一旦耗尽,将不会被更新。只要拥有此种投资的企业家还能够产出任何的更新基金,如果他还希望获利,他就不能投资到自家企业。因此,资本将从该企业撤出并投资到其他处。在这里我们看到,如果已投入的生产要素具备自由可转换性,这些投资将根据边际生产力法则做出调整。这个场景在转换性受限的现实世界中会缓慢发生,这个进程中不断出现对再投资的需求,用以替换耗尽的要素。如果没有再投资,那么转换将会发生。因此,经济将走向一个局面,其结构符合边际生产力原则;通过促使调整其中生产要素的使用,成本法则时刻发挥着作用。由于固定投资中生产要素的频繁捆绑,成本法则可能无法立即实现生产调整。但经济中会出现这种调整的趋势。将资本捆绑在耐久投资中,从而频繁出现的边际成本递减,意味着在基于边际生产力原则的成本法则运作中存在重大摩擦。这种摩擦不会中断成本法则的效力,而只会让成本法则在耗时更久的过程中发挥作用,因为它只能通过连续的再投资来实现。〔27〕

自从经济科学首次提到收益递减法则以来,毫无疑问,这项法则只是有效的**情势变迁原则**(*rebus sic stantibus*,指不可归责于当事人的事由发生重大变化而允许变更合同内容或解除合同的原则),并且采用新的生产技术会中断该法则的有效性;因此就收益递减法则而言,它无法对历史进程做出解释,历史进程也由技术的变化共同决定。我们只能是根据现有数据所构造的前提假设,说明这个法则的有效性。〔28〕 因为我们将收益递

---

〔27〕 试图为边际成本递减企业提供保护的经济政策没有意识到,对这些公司的再投资意味着将资本捆绑到回报率低于其他处的投资中。这里要指出的是,商业周期的特定阶段的特征是投资自由资本的可行性异常有限。我们稍后会讨论这个问题。在这里,我们只关注——正如明确强调的那样——根据边际生产力原则构建生产的可能性这个一般性问题。

〔28〕 这种限制在人口法则中得到了最重要的应用:人口增长必然会导致粮食供应的压力,如果增产只是依靠增加一种生产要素(人力)的投入来协助,生产的成本就会提高,除非技术进步使产量增加超过这个生产要素的增加。除了技术进步外,人口法则的影响自然也可以通过增加资本超过人口增长的规模来抵消。在这里,我们又有一个例子说明一个事实,理论的“正确的法则”只在理论的所有假设都得到满足的情况下才是“适用的”。

减原则的特征更普遍地描述为经济财货之间的合作原则,特别是作为自由资本与原始生产要素之间的合作原则。因此,**情势变迁原则**的限制在这里自然也相当重要。最简单的表述是:通常延长迂回生产方式会使产量增加递减,但技术进步可能带来这种情况——缩短迂回生产方式也能在边际上增加收益。这两种改变产出的可行性的区别,并不意味着我们希望建立一个分类系统,可以毫不费力地应用于每个案例来解释经验,而是意味着我们希望理解在经验之上的指导经济进程的建设性原则。如果有可能在不延长迂回生产过程的情况下增加产量,经济将利用这种可能性。这当然不仅仅取决于我们的技术知识,而且取决于具体生产方法的营利性:如果成本支出与收入之间的关系达不到有利的平衡,企业家也无法使用最优技术方案。尽管如此,只要技术上新的生产方法意味着加长的迂回生产方式,成本的计算,特别是利息的计算,将引导技术的采用去适应经济的情况。〔29〕但是,对我们来说,重要的是——完全独立于通过技术发明缩短迂回生产过程的可能性——每种给定的技术都可以延长迂回生产过程,同时增加产量。生产结构问题是一个对经济过程非常重要的问题,它产生于迂回生产方式中经济可行的长度限制;也产生于对经济产生约束的所有条件,能否使其利用由延长的迂回生产方式带来的益处。这就是资本使用问题的核心意义。〔30〕

在这里也可以看出,在将迂回生产方式的更高生产力原则应用于现实时,人们必须考虑所作的前设。有可能会观察到缩短的迂回方式带来

---

〔29〕 一种新的技术方法——例如,电力的引入——意味着迂回生产方式缩短了还是延长了,这是一个理论无法提前明确回答的问题。答案取决于新的生产方法是否可以节省更多资本或更多劳动力。因此,新技术的效果不应只考虑纵向生产结构中的一个单一阶段,而应考虑从原始生产要素中创造成品消费品的迂回方式的整个过程。

〔30〕 人们必须避免混淆生产的持续时间与迂回生产方式的长度。再次使用前面的例子,如果汽车工厂"现代化",其效果是将汽车的生产持续时间从 3 个月缩短到几天,那这是可能的,因为机器被更大程度地引入。因此,在缩短生产期限的同时,又进行了"先前完成的劳动"的使用,我们可能不得不说,迂回生产方式已经延长。之所以如此,是因为必须假设,在劳动力使用减少的情况下获得同等回报已经成为可能,因为在前期生产阶段以更大的程度使用了劳动力。劳动力支出的时际回溯不能只从第一个成品来看,而是与更耐久的资本品的雇佣增加有关——也与用这种投资在之后创造的产品有关。

了产出的增加[31],正如人们常常发现现代企业的成本下降一样。对生产过程的理论分析,必须要将那些可以用于构筑理论系统的要素,从现实的多种可能性中分离出来。这个理论系统将适用于实际事件且能够为其提供解释,如果它的构建是从必然能在经验世界中实现的、代表着获得经济成功的条件的原则出发。

我们从边际生产力的原则中已清楚看到这一点。这样的理解是正确的,在每个具体案例中,每个企业使用任何的生产要素都可以确定一个边际产出。问题不在于此,而是在于:可以根据边际生产力原则来构建经济结构,而且任何偏移于此结构的变化一定会带来一个重新适应此结构的调整。对于迂回生产方式而言,问题不仅仅是延伸的迂回生产方式确实带来了产出增加,而是这种收益的增加会受到经济中资本供应的限制。[32]

如果从一般原则出发,经济理论描绘的是经济的静态稳定的进程,那么它并没有提供现实的写照。在它展示的图景中,价格、产品数量和生产结构由一般法则确定,并被整合到一个理论世界中。必须认识到,基于经验的经济永远不会是这种模型的实现;必须承认,在经验世界中,新出现的数据变化始终使经济结构处于变化中。经济理论只能提出一个模型,使经济能够努力靠近这个方向,却从来不能真正实现它。经济理论的世界不是现实世界,但构建经济理论所依据的法则决定了真实经济。并不

---

〔31〕 由于很难在复杂的生产过程中评估单个生产阶段的功能,因此很难在单个情况下检测到迂回生产过程的缩短或延长。

〔32〕 这里是一个简要的总结。只要几个生产要素相互配合,原则上通过改变它们的组合,就可以改变产出的大小。然而,从经济理论的角度来看,相关的可能性一定与收益递减法则相对应。这是因为我们考虑的生产要素是稀缺的,因为稀缺而必须节约。如果一个生产要素与生产中其他要素的合作受制于收益递增原则,就不能把收益的任何一部分归因于这个生产要素。因为即使减少这种生产要素的数量也必然与生产无关。先前,我们试图将稀缺生产要素合作的这一原则作为"农业收益递减法则"的基础。这一原则必然普遍适用于不同生产要素的组合,尤其是自由资本的使用(随着迂回生产方式的延长,收益递减)。从经济的角度来看,那些可以进入静态经济的认识论体系的数据是最紧要相关的。经济过程数据的其他形式最多可以分别视为静态过程的变化形式。从这个角度来看,我们有必要在首先考虑劳动力供给的时候,认为其采用向上倾斜的供应曲线。我们之前尝试说明了这一假设的原因。

是说,不依据这些法则就无法构建真实的经济;这些法则的意义是,无论何时何地,当经济结构与理论出现偏差,经济中安排使用商品的过程不同于本来按经济法则所要求的给定数据(given data)的方式,那么以适应经济法则为目的的调整就会启动。只有通过对系统的理解,才能获得关于经济总体完整而准确的知识。只是因为现实中并非所有的东西都是完全按照这个整体构建的,一个人就能够不利用一个系统便去应对现实吗?急于提出批评的人尤其应注意这一点:只有对系统有了理解,才能表明经济可行性的局限之处在哪儿,以及表明如果经济结构偏离这个体系,必须进行哪些调整。一旦人们认识到资本功能学说在经济结构中的核心重要性,人们就无法忽视这一理论在实践中具有的最重要的意义。生产结构与资本的使用是相同的。可以肯定地说,这是整个经济体系中最敏感的元素。生产向着延长的迂回生产过程推进,极度敏感的利率衡量则表明其可行的限度。在研究货币经济时,我们会看到利率工具容易受到干扰的敏感程度。

第三章　货币与资本

1. 价格体系与价格水平

在交换经济的静态过程中，所有商品的价格根据价格的纵向连通性和横向连通性的规律融入一个体系。对于这种价格体系来说，价格的货币表达完全无关紧要。当商品 G1 的单位价格等于 2 单位的商品 G2 或 3 单位的商品 G3 时，这种关系不会改变，无论货币中 G1 的价格是 1 还是 100，只要价格确定，G2 和 G3 分别是这个价格的一半或 1/3。货币价格的任何倍增都是可能的，只要对所有的价格都乘以相同的倍数就不会因此而破坏其价格体系。货币(货币单位)的“价值”或者“购买力”的高低取决于其价格的高低，或者取决于给定的价格有多高。因为每一种价格只是整个价格体系的一部分。任一给定的价格都可以作为价格水平高低的标准或者作为货币购买力能力的指数。

从商品价格体系的这种中立性角度来考虑价格水平，如果人们得出结论认为货币问题的解决首先需要回答关于价格高低的问题，这将是一个极大的谬误。如果可以假设特定的价格体系以较高或者较低的货币价格水平均可存在，如果随之而来的是价格体系的构造可以独立于价格的高低程度,我们不能忽略的重要事实是尽管可以将同一价格体系通过或低或高的货币价格水平加以表达,然而却永远不能(或者只有在非常特殊的情况下才可能,在实践中从未发生过[1])将这种价格体系从一种水平改变为另外一种而不改变单个价格之间的关系。既然在交换经济中价格决定了生产要素的分配、生产结构和商品的销售,那么所有的价格水平的变化都将通过价格体系的改变导致商品配置的变化。

如果人们观察了货币供给改变的效应,上述会变得瞬间清晰。试想一下,例如在静态经济中单独的经济个体获得一定量的、之前没有在经济中使用的货币。这些经济主体也许不会仅仅保留这些货币,而是会将其花费。换句话说,这些经济主体将修正他们的供给角色,新分配的货币使得他们在每个关心的价格下会购买得更多(而且在某些情况下卖得更少)。这种市场的需求(和供给)的改变必定会导致价格的上升。

永远不可能假定这种价格运动对于所有商品在同样程度上有效。新货币如何使用将决定哪些商品有更多的需求。正如满足市场的需求总是单个需求之和,单个需求的每一次改变也会改变整个需求的组成结构。对于那些需求较大的商品,作为新货币获得者的经济主体对这些商品的需求会进一步增加。这些商品的价格增加可能触发其他领域的反向运动。因为单个商品的价格增加,而那些并**没有**获得充足的新货币,以及那些被价格上涨严重影响的经济主体将只能减少他们对这些商品的需求,以维持他们对其他商品的货币需求;一类商品的价格增加可能导致其他商品价格的下降。因此,作为货币增加的结果,我们可以确定地预期某些商品的单个价格会增加;其他商品价格保持不变甚至下降。自然的,某些价格,甚至全部价格在不同程度上的上涨也有可能发生。出于全面的考虑,此处先说明这些运动不仅仅是需求方所导致。可能发生的是,货币持有的增加使得单个的经济主体克制而不销售商品,这种情况下会导致价

---

〔1〕 这里是对这些条件的简要描述——因此可以期待一些情况在后面会有详细的解释。不仅所有货币所有者的货币供应做均匀的改变,而且所有债权人与债务人的关系必须稳定,并且必须保证货币资本供应的结构绝不改变。特别是,只有当所有经济主体都被告知货币供应量的变化并立即对其行为进行相应调整时,才能实现所有价格的均衡变化。

格的改变。当然这些改变会导致同一运动方向，正如由于需求所导致的那样。

在任何情况下，额外货币在市场上的每次出现都会导致既有的价格体系的破坏。一旦新货币被使用，从一个人的手中转移到另一个人的手中，在第二次交易中会再次影响价格之间的关系，直到最后，价格改变的进程波及整个经济体系，从而新的价格体系将会形成。值得注意的是，价格之间关系的改变不仅仅发生在转变的过程中，而且相比原始状态，新的静态价格体系也一定会从变化中衍生出来。

究其原因，可能是持有货币的每一次改变将会导致经济体中财富分配的改变。任何持有货币的人都可以获得商品且像拥有真正商品的人那样使用它们。如果因为新的货币分配(或者因为货币被拿走)而发生财产关系的顺序改变，这同样会导致商品使用的改变。即使是在不使用任何货币的易物经济的情形中，也不可否认商品分配的改变同样意味着整个经济体系的改变；并且经济的构成不仅仅依赖于拥有商品的数量，而且依赖于商品的分配方式。

也许有人在接受上述观点的同时，仍然认为这里阐述的货币运动过分详细，而在实践中并不具有重要意义。如果实物商品或者货币持有发生的改变导致经济情况的改变，比如更少的奢侈品和更多的日用品，或者更普遍的是，某一种商品生产得越多而另一种生产得越少，如果此种价格上升而另一种价格下降，一种价格剧烈变化而另一种变化不大，那么我们就面临着经济中的波动，且需要获得相应的调整。如果我们将此处所言作为讨论如下问题的起点，该问题恰恰产生于货币在现代经济中的使用方式，那么上述关系的阐明便具有了重要性。

问题在于如何决定生产的时际结构，也就是说，如何决定迂回生产方式取决于我们经济体中所拥有货币的使用方式。货币所有权的改变会改变财产关系，使得伴随每一次财产的转移，对于某一种商品的需求也会发生改变，并且可预期的是货币持有的改变会导致生产结构的改变，这种生产结构关系到生产要素的使用和迂回生产方式的长度。另外，对于单个经济主体的货币分配同样决定了生产的结构，因此可以说，经济体中的货币供给不仅仅决定了价格水平，除此之外，还决定了生产最终产品的可能条件。

分析此问题的起点必须开始于对货币资本的功能的分析。

2. 货币资产形式的资本

前面我们解释了资本在生产中所起的作用，但只考虑了真实财货领域的事件，而没有关注这些关系由于引入货币而生成了更复杂的形式。我们的目的是呈现雇用资本的过程，其实质上仍然是雇用物质财货的过程，这样其中的物质财货关系才了然清晰。我们看到，一个耗时的迂回生产过程只能被描述成资本所有者为生产提供自由资本或生活资料，以“支持”那些需要持续补充的用于生产的原始生产要素，而对它们的使用只能在将来得到回报。迂回生产中每次使用生产要素意味着绑定自由资本，将其转化为资本品(相对耐久的投资或中间产品)，怀抱以后会有回报的预期。在成功的生产过程中，每一种对自由资本的约束都可以被认为是暂时的；所有投入的资本迟早会还原为自由的形式，特别是资本与耐久生产要素绑定在一起时，这种资本的释放通常只能很晚才实现。资本的最终释放只能以消费品生产收益的形式出现。之前所有的生产过程都只能通过持续地对其提供消费品产出的一部分收益来维持。消费品生产将首先使用其部分回报来支付其雇用的原始生产要素，另一部分将用于购买原材料，从而使其再生产成为可能，还有一部分将作为更新基金用于在消费品生产中的固定资本投资，并将转移到那些致力于更新该设备的生产线上。在上游生产过程的每个阶段，从消费品生产中获得的自由资本，只要它在这个阶段本身不用于支付原始生产要素，它将进一步分配给更上游生产阶段，直到所有的原始生产要素都得到了自由资本，包括那些在迂回生产方式的时间过程中相对较早地使用的原始生产要素。虽然延长迂回生产方式，特别是对耐久资本品进行了更大量的自由资本投资，是为了增加产量,然而扩大迂回生产方式受限于自由资本的制约。使用自由资本所需支付的利率,为个体企业家提供了扩大生产的可行性指标。利率建立在这样一个水平上,即所有可能按此利率进行的生产过程都可以找到自由资本供应,所有不再能负担利息的生产由于没有效益而注定不能完成。因此我们已经表明,实际情况永远如此,迂回生产方式只能延长到足够及时释放满足维持所需的程度。

对资本雇用的实际过程的简要概述,在这里能够作为我们对资本雇用型生产在货币经济中呈现形式分析的一个介绍。在这种分析中,我们必须始终牢记真实财货的流动,这些流动在货币经济的框架内因货币周转而不断变化。如果货币经济核算的方式是货币,支配的也是货币,那么货币引起的变动会对生产造成影响,因为货币的雇用会导致物质财货雇用的变动。在下面的讨论中,我们必须记住这个明了的事实。

在货币经济中,资本所有者最初拥有货币供应。现在的问题是货币如何作为资本发挥作用。我们可以从对资本功能的初始分析继续展开,我们将资本仅仅视为其所有者用来支持迂回生产方式的生活资料供应。我们最初不得不将资本范围限制在生活资料的范围内,因为只有这些资源才适合在生产期间为那些将原始生产要素用于耗时的迂回生产方式的人提供支持。此外,我们已经看到,并非是生活资料可以被视为资本,它之所以被视为资本,仅因为其所有者如此使用,使其现在可用以换取未来回报。因此,我们将耗时迂回生产过程中的资本功能划分为两个互补的部分。**首先**,资本必须能够在迂回生产期间,实际地为那些提供原始生产要素的人提供支持。**其次**,它必须在迂回生产过程的期间内可被调用:它必须在今天被耗用以换取后来的回报,或者形象地说,它必须弥合迂回生产方式所耗用的时间。至此,看待资本货币问题已经有了一个清晰的视角。实际可用的物质财货才能够“支持”生产要素,货币只是用于购买生产要素,而货币本身永远不能“支持”生产要素。然而,拥有货币可以弥补迂回生产过程的时间跨度:资本所有者不能直接提供自然的生活资料,反而是其直接给那些为迂回生产方式提供原始要素的人支付金钱;而那些收到这笔钱的人又会在市场上购买所需的生活资料。现在雇用的是货币，未来回报的是货币。只要货币具有资本的“时间桥接”(time-bridging)功能，就可以给它贴上货币资本的标签。由此，生活资料的所有者在将其用作资本时，将不再使用其自然形式。当财富所有者决定不再消费这些财富而是要将财富当作资本的时候，其考量的出发点将只是持有的货币。资本所有者“支持”迂回生产，不再是直接提供维持生计基金给那些提供原始生产要素的人，而是通过支付货币对其“注资”。希望采用迂回生产方式的企业家不需要提供物质财货，不需要提供生活资料，而只需要提供货币。

然而，在货币经济的资本形式生产过程中，货币之所以能够发挥资本的作用，仅仅是因为它在注资给迂回生产过程的那一刻就能够支持这个生产过程，因为相对用真实的生活资料支付那些提供原始生产要素的人，他们更满足于用货币支付，既然生活资料可以用这笔钱在市场上购买。货币资本的目的，是将经济中实际可用的生活资料，作为在迂回生产方式期间的支持，提供给那些需要他们的人。即使掌控了具有资本功能的东西不同于掌控了真实财货，而只是掌控了货币，货币在一定意义上仍然是物质财货的代表，而货币作为资本意味着物质财货将被调用于支持迂回生产方式。现在我们的目标是解释对迂回生产方式注资是如何支持在这一过程中雇用原始生产要素的。我们将首先考虑静态经济的过程。

我们假设在消费品生产中释放了资本。企业家出售其消费品产成品，从而获得一笔钱的控制权。在这里，货币资本自然只是源自销售的货币回报的一部分，也就是不用于企业利润或资本利息消费的那部分。〔2〕同样，只有那部分货币回报可用作注资迂回生产方式的“货币资本”，即“延续的”储蓄。如果企业家现在使用这笔钱来支付原始生产要素，那这

〔2〕严格地说，在静态经济中，企业家利润不是用于表示支出成本与收益之间的差额，而只是作为对“企业家劳动”的报酬而支付的企业家工资，是成本的一部分。但是，由于静态始终是干扰之后的调整所达到的情况，我们可以将其定义为企业利润为零的状态，而在调整的中间阶段企业家利润则表现为正(或根据情况，表现为负)值。出于这个原因，我们也可以在这里谈到企业利润。

笔钱就可以让那些提供原始生产要素的人用于购买生活资料。销售消费品获得的总收入在市场上代表着对此消费品的需求,将其与消费品的产出进行比较,我们将得出如下实情:货币回报的一部分是资本利息与企业家利润。资本家和企业家各自以他们获得的货币收入购买部分消费品。通过为迂回生产过程提供货币,货币回报的另一部分成为那些提供原始生产要素者的收入,然后他们靠此货币收入进入消费品市场。这一实情只展示了一个非常简单的模型,后续将以不同方式加以丰富。特别要问的是这个事实带来的结果是怎样的:货币资本的投资并不总是意味着立即支付原始生产要素,而是经常首先意味着购买已经可用的资本品。我们暂时可以忽视这些复杂情形。这里的简化模型仅是为了指出对货币资本功能分析很重要的几个原则。

首先必须看到,在消费品周转中引入货币只不过是将其用途分为两种,这两种都是消费者用途,但就其在生产的时际框架内的功能而言则必须明确区分。用于支持迂回生产方式中使用的原始生产要素的消费品是"再生产性"消费品,如前所述:在它们的支持下,原始生产要素能够在现在使用并在将来转变为成品消费品。随着消费品被逐步耗尽,这种消费品的"经济接替者"的生产正在逐步进行;与这种消费同时开始的是被消耗的消费品的再生产。显然,只要经济以静态方式运行,这种"经济接替者"的价值和价格就与"投资"的生活资料相等。这第一部分耗用的消费品的情况就是这样的。另外,被企业家和资本家耗用的另一部分消费品则是"纯消费"的对象。这部分消费品可以说是对以前花销的支付,这不是采用迂回生产方式的先决条件——有了前面的解释,这应该是毫无疑问的。

我们现在看到的将消费品分为再生产性消费品与纯消费品,即生产回报的划分是,一部分用作资本,另一部分不用作资本,这在我们讨论真实财货经济时已经遇到。货币经济中出现的差异首先完全是已经反复提到过的差异:维持生计基金并不直接履行资本的功能,这个功能由所持有的货币来接手。我们在简单模型中已揭示货币经济中的过程与物质财货经济中的过程完全平行。在后一种情况下,那些在生产结束时获得成品生活资料的经济主体，将使用其中的一部分作为资本，自行投资或通过中间人进行投资。在货币经济中，只用货币来投资；但是，所拥有的货币都是产品销售的回报，代表了生活资料的一部分，投资货币同时意味着为迂回生产方式预留生活资料。注资于生产和支持生产是一回事。正如在非货币经济中，生活资料的所有者可以决定比以往投资更多还是更少一样，在货币经济中，个人的货币财产也可能出现同样的情况。如果货币所有者投资更多货币，这意味着他们消费更少的生活资料，而留下更多的货币来支持迂回生产方式。反过来也是如此：较少的货币投资同时意味着货币所有者消费更多的生活资料。因此，**货币资本投资的扩大或紧缩并不能带来消费品需求规模的变化。**

这一陈述在之后的讨论中将非常重要。在这里，它在一个非常简单的模型的框架内得到了解释，然而在不同的联系中，如果某些特定条件发生变化，这一陈述可能会失去其有效性。因此，必须再次提醒读者，在这里，我们从静态经济的假设出发，由于从产品销售中获得的这笔钱中用来储蓄的部分可多可少，我们仅仅考察的是由此产生的变化。然而，静态经济模型应从另一个角度加以考虑。

首先，让我们来看一个与我们模型的构建无关紧要的情形，这里展示的这种分析可能会令一些人费解。源自消费品销售中获得的全部货币回报，不多也不少再次出现在消费品市场上，用于购买全部的消费品产出。由此可见，消费品在市场上销售的价格水平与消费者反过来购买消费品的价格水平相同。〔3〕因此，建立了消费品的整体供应与对消费品的整体需求之间的关系。现在，社会产出的详细构成是否与各种消费品的需求

---

〔3〕当然，这是一个完全不现实的模型——不现实，是因为消费品不是首先卖给独立于人群的市场，再经它转售的，而那些从生产者那里获得消费品的人是商人，一方面他们有必须用销售价格来抵补的成本，另一方面他们也在商品分销中发挥重要作用。严格来说，我们必须将市场上成品消费品的交换——特别是从批发贸易到零售业的交易——视为“生产”的最后阶段，即商品变成消费者手中的消费品形式的这一整个进程的最后阶段。这个困难现在在理论上可以这样来弥合，我们将消费品的整个贸易周转纳入我们的模型，并将贸易商的活动纳入那个生产进程的最后一个阶段，抽象地刻画为从生产者处获得产品并且将其转移给消费者。商人将从需求消费品的人那里得到“生产性”贡献的报酬。

结构相对应呢？难道不可能产生太多商品A和太少的商品B吗？这样的需求结构也因此必然导致A的价格下跌和B的价格上涨。这显然不仅是可能的，而且是必然会发生的，只要消费品产出在原始生产要素及资本所有者和企业家之间的相对分布发生变化。因为富人自然会比穷人买更多的东西，最重要的是他们会买其他的东西。例如，随着储蓄活动的增加，而生产尚未调整到决定生产哪些产品时，可能会发生的情况是，供大众使用的日用品太少，而为富人生产的奢侈品太多。这将体现在这两类商品的价格之间的关系中。然而，显然，这种情况与我们在这里所关注的问题无关。在这里，我们讨论的原则是，投资的强度受限于有多少生活资料可供支持生产这一事实，而在货币经济中，当投资的是货币而非生活资料时，这一原则的任何方面都不会改变。因此，我们关注的是货币资本与维持生计基金之间的定量对应关系，而不是消费品基金的构成与消费品需求类型之间的对应关系。我们已经证明消费品基金的"非正确"构成是可能的。然而，由此可能产生的问题不属于资本理论所讨论的问题的范围。

有一个问题对我们来说更为重要；不过通过最大限度地简化我们模型中的假设，可以避免(直接回答)这个问题。与横向分割生产结构的给定情况相反，我们假设企业家将其从产品销售中获得的货币资本全部直接用于支付原始生产要素，这是一个不现实的假设。很明显，货币资本的一部分不会被生产成品消费品的企业家用于支付原始生产要素，而是会用于购买资本品——这取决于具体情况中货币资本规模的大小，但通常是非常显著的一部分——用于购买中间产品和耐久资本品。很容易看出，这种复杂的配置不会改变货币资本与生活资料之间的关系。如果生产消费品的企业家将其部分货币用于从上游生产阶段购买资本品，那他就会将其货币资本转移给另一个企业家。[4] 对于这个企业家来说，其买主手中的货币资本，就是其产品的回报，就像生产消费品的企业家获得其产品的货币回报一样。使用货币回报的可能性也同样发生于上游生产阶段，如同使用消

[4] 该变通的理解在第16页及随后几页，是从基于数量分析的案例拓展到货币经济框架下的情况。

费品生产中的货币回报一样。如果我们假设在这个阶段,储蓄也将得以留存,这也是静态经济的先决条件,那么货币回报将有部分被用作资本利息和企业利润。但它也有一部分将用作货币资本,也就是说,它将用于投资,正如之前的情形,这意味着它将用于购买原始生产要素和由更先前的生产过程产出的资本品。这同样适用于每个上游生产过程。总之,我们看到从消费品销售中获得的货币回报在两个基本用途的划分:一方面是纯粹的资本利息消耗和企业利润,另一方面是对原始生产要素的支付。然而,在这两种情况下,我们都看到消费品生产的货币回报最终转变成了索求消费品的货币收入。由连续阶段的生产链条构成的纵向生产结构并未改变模型中的情况。在这个纵向生产链条中发生的资本品周转,是将消费品生产中的货币回报转化为货币收入的一个中间环节。在这里,这一进程有多少步骤是完全不重要的。整个过程可以用一个公式来解释:产品的货币回报将会转手,直到它转化为收入,无论是资本所有者和企业家的收入,还是靠出售原始生产要素赚钱的经济主体的收入。正如消费品生产的货币回报不全是货币资本,这回报的一部分将被企业家分割出来并用于支付资本利息和企业利润,其余部分才用作资本,在购买资本品时货币流通的若干上游阶段也会发生两种收入的区分。然而毫无疑问的是,将消费品生产的货币回报转换为可以索求生活资料的各种收入的过程一定会发生,无论这其中介入了一个还是多个购买资本品的中间阶段。

这里只有一件事需要注意。如果生产消费品的企业家将所有的货币资本都用于购买原始生产要素,那么这种货币资本将立即转变为货币收入。从产品销售中获得的货币回报,在下一轮支付中转移给提供原始生产要素的经济主体,这些经济主体立即购买消费品,销售消费品的企业家又有了货币资本进账。每当从事消费品生产的企业家消费其货币资本,而且在这笔钱转化为货币收入之前,如果这个过程中进行了中间产品的购买,那么一次或者几次购买资本品的周转形式就发生了。我们希望使用一种模型来考虑这种情况,为了简单起见,在消费品生产中货币回报的使用方面,我们可以忽略资本利息与企业利润之分。生产消费品(CG)的企业家获得 100 单位的货币回报。其中有 25 单位直接流向原始生产要素，而 75 单位从第一上游生产阶段（Ⅰ）购买资本品。这阶段再次将 25 单位转移到原始生产要素，而 50 单位转到第二上游生产阶段（Ⅱ），这阶段中 25 单位再次转向原始生产要素，而 25 单位转移到资本品生产的另一个更为上游的阶段（Ⅲ），最终用于专门支付原始生产要素。[5] 我们现在面对一个新问题，就是货币资本不会立即从消费品生产领域转移到收入获得者手中，由于资本品的介入使得货币资本周转形式存在某些障碍，这些障碍使得周转的时际过程颇为繁复。如果在我们的模型中，我们将每个支付行为以及生产流程的完成与时间节点联系起来，这一点就变得清晰了。例如，我们假设所有购买和销售以及所有生产过程都在一周的时间内进行，而下一次支付仅在一周结束时进行，以满足下周的需求。消费品生产企业家出售他们的产品，并立即将部分收入转付给那些提供原始生产要素的人，我们假设他们立即购买每周生活所需。消费品生产者的其余货币回报同时用于购买资本品以满足其每周生产所需。在每个上游生产流程中，到周末的周转资金都由该周初收到的货币来提供。同时，生产的结构是：消费品的生产在周末之前完成一定数量的消费品，而且每个上游生产阶段都会完成其下一阶段一周正好所需的资本品。因此，我们得出了货币资本周转的简化表示。

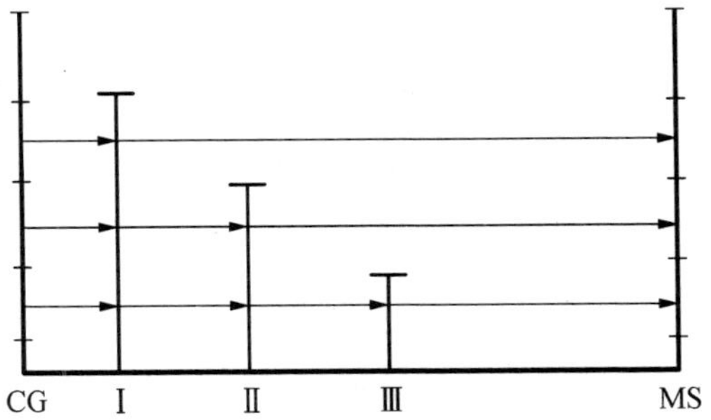

[5] 很明显，这里对模型的现实简化并不仅仅是因为资本利息和企业利润被忽略了。实际上，货币资本的流动从不会如图示划分的那样分阶段地发生，而是存在着各种分支的分化和各部分分支的统一。这里我们可以忽略这一点，因为我们只是讨论货币资本周转中存在不同阶段所导致的问题。

第一周,合计有 25 单位(货币资本)从消费品生产转入原始生产要素,从而进入生活资料市场(MS)*;同时,合计有 75 单位转入第一上游生产阶段。第二周,合计有 25 单位从第一上游生产阶段转入原始生产要素,合计有 50 单位转入第二上游生产阶段。在第三周,合计有 25 单位从第二上游生产阶段转入原始生产要素,合计有 25 单位转入第三上游生产阶段,并且仅在第四周从此阶段得到 25 单位货币,也就是在第一周来自消费品生产的 100 单位资本的剩余部分转至收入获得者,进而转入消费品市场。在这 100 单位货币资本中,有 1/4 没有遇到任何障碍直接转为收入,有 1/4 必须克服一个障碍,其余的两个 1/4 必须分别克服两个和三个障碍。每一个障碍都将货币资本的一部分捆绑一周,以便为那些提供原始生产要素的人逐步转变成货币收入。显然,以这种方式组织的不受干预的全部阶段都连续进行的生产过程,除了这 100 个单位货币资本——我们刚刚追踪了其流通过程——还需要其他资金参与周转。很容易看出,在同一时间跨度内,来自消费品生产领域的总计 100 单位货币资本有 1/4 变为收入,有 3/4 则被引导到第一上游生产阶段,这 75 单位必须从这个阶段被进一步引导,即 25 单位导向原始生产要素和 50 单位导向第二上游生产阶段。此外,在同一时间跨度内,必须从第二阶段将合计的 50 单位的一半用于收入获得者,另一半用于第三阶段。最后,在同一时间跨度内,合计的 25 单位必须从第三阶段直接用于收入获得者。因此,必须为经济提供的总额为 250 单位,在这个多阶段结构中,不受干扰的周转过程才可能发生,尽管每周只有 100 单位在消费品生产中周转。同样清楚的是,在消费品生产之前的三个阶段中,第一周所花费的这些金额之所以能达到这些阶段,是由于之前出售资本品得到了回报。贯穿四个生产阶段的货币总额将作为货币资本投资于这些阶段,即用于支付原始生产要素——包括资本品需要的原始生产要素。然而,维持“阶梯式”生产结构所需的货币将超过消费品生产每一阶段释放的货币,这只源于

* 图中遗漏了这条箭头,这条箭头应位于最上方,从 CG 直达 MS。——译者注

一个事实,在货币资本向收入获得者转移的过程中,资本品的购置穿插进来形成了障碍。

我们的模型相比现实情况是做了极大简化的。很明显,购买资本品的时间跨度长短不一,资本品的更新将在不同的时间段内发生,而且从一个阶段到另一个阶段的货币周转绝不会像模型所示的那样定期发生。不过,我们在这里只关注货币资本向生产融资的路径,以及展示货币资本如何转化为收入。在考虑货币资本周转时,我们可以为注资过程做更深入的简化,来解决一个说明过程中的重大难题。当我们从这个假设开始,在消费品生产中,企业家使货币资本直接可用于原始生产要素,我们认为整个周转运行用的是与消费品生产的货币回报相对应的一笔钱。实际存在的情况则是,在纵向生产结构中,生产的所有阶段——包括从第一批原材料的生产到成品的完成的所有阶段——组合成一个庞大复杂的结构。由于生产结构中的纵向分工使得资本品的周转也必须由货币资本提供资金,因此不受干扰的生产过程就需要比释放的资本数量更多的货币供应。然而,这种扩大的(以照应所有生产阶段所需的)货币供应就是我们所关注的,它使这样的周转成为可能——在产出的消费品被投放到市场、提供生活资料的同期,对这些消费品有需求的收入获得者就可以用其收到的钱来支付这些生活资料。〔6〕在这里作为收入获得者出现的经济主体是那些提供原始生产要素的经济主体,我们在此再次重复我们排除了一部分收入形式的假设,暂不考虑从资本利息中获得的收入以及企业家利润。因此,纵向生产分工完全不会改变我们在第一次简化演示中认识到的

〔6〕 在图表(第 77 页)中,每个箭头表示一个货币交易(不考虑箭头的长度)。为简单起见,我们允许货币交易的阶段与同步生产的阶段相吻合。情况未必如此。例如,人们可以想象,前面的生产阶段Ⅰ和Ⅱ是集成在一个企业家的手中。这位企业家会立即将他收到的 75 单位的货币资本中的 50 单位转移给收入的接受者,并将其中的 25 单位转交给上游生产。然后,在所分析的生产次序中,促进周转所需的资金现在只有 200 单位。然而,必须记住,企业家在整合第Ⅰ阶段和第Ⅱ阶段以同一笔付款一次性支付给原始生产要素的 50 单位,资助了两种不同但已经整合的(同步)生产序列。我们的模式之所以如此简单,是因为我们没有包括耐久资本品交易。但是,没有必要对这种交易作特别解释。无论用货币购买的资本品是中间产品(原材料)还是耐久资本品,卖方都会获得货币资本,而货币资本——只要它反过来被投资——又被用于购买资本品或支付原始生产要素。

关系。

现在我们必须进一步分析静态经济的例子,并且包括第一步中省略的由资本供应的增加或减少引起的变动。问题很明显:如果在易货经济中实现储蓄,那么其所有者就会将可用于消费的生活资料,或者说在静态经济过程的假设中先前用于消费的生活资料,现在转而用于支持迂回生产方式。如果资本被消耗,那么生活资料就会由其所有者消费,而在之前的经济过程中,他用这些生活资料来支持迂回生产方式。在这两种情况下,这种变化会影响消费品的使用方式。在货币经济中,节约资本和消耗资本总是涉及货币所有权。所有者将先前经济过程中用于自己消费的一笔钱转而用于资助一种新的迂回生产方式,或者所有者以前投资的一笔钱现在转而用于他自己的消费。问题同样是一笔钱的使用与经济的生活资料供给之间的平行关系。现在我们已经简要地讨论了这个问题。

如果一个经济主体能够支配其收入所得的一笔钱,并将这笔钱用于投资,这意味着这个经济主体不会将这笔钱用于生活资料消费,取而代之的是资助迂回生产过程雇用的原始生产要素。相反,如果一个经济主体将以前投资于经济过程的一笔钱用于消费,即购买生活资料,这意味着从对原始生产要素的支持中撤资。资本形成和资本消耗同样都能引发可用于支持迂回生产方式的维持生计基金的增加或减少。由此,货币框架内的生产过程与物质财货领域的生产过程之间建立起平行关系。

3. 信贷与货币利息

在每个经济体中,财货都分布于独立的经济主体手中,经济体的数据即是由财货的分布构成的。通过交换,财货从一个经济主体转移到另一个经济主体,财货的分布也因此而发生改变,获得财货的人认为他可以更好地利用此财货,也愿意为此放弃另一种他不太急需的财货,交换的功能得以实现。在这种意义上,交换的社会经济功能是为财货的分布进行调整,而这种调整是通过力求改善财货给养的交换方式,而并非是其他改变财货分布的方式。在物质财货的供应没有变化的情况下，每个人的给养之所以可以变得更好，正是因为交换能够进行；交换发生的前提只是因为每个人认为交换可以带来优于原先的财货分布。

在交换的行为体系中，还有一种特别的交换是现在财货与未来财货的交换。如果考虑到这点，那么我们将看到对财货分布的调整还有一个完全不同的社会经济功能。首先，很明显，桥接时间(time-bridging)的交换行为绝不是迂回生产方式的必要条件。人们很容易想象一个只有资本所有者才能成为企业家的经济体。个体经济主体通过节省来积蓄生活资料，并将其投资于迂回生产方式。他们向劳动者支付这些生活资料(为了简单起见，我们将忽略其他原始生产要素)并从生产中获得丰盛的回报，然后将其中一部分回报用于再投资——在静态经济中，这对应于之前的资本积蓄，将余下的回报作为资本利息和企业利润来消费掉。每一次交换，包括对劳动者的支付，都是一步一步地发生的。可以很容易地想象，以这种方式构建的生产也能被拆分，在纵向上平行进行，这样的结构没有出现现在财货与未来财货的交换。从上游生产阶段购买资本品将是逐步发生的，并且资本品是用生活资料支付的。我们可以进一步想象在货币经济中组织这样的生产过程：逐步进行的支付用现金来完成。用一种商品换取未来的回报，特别是用目前可用的货币换取未来的回报(即信贷)，绝不是以采用迂回生产方式的劳动分工为基础的经济的必要条件。在这一点上，交换被局限在逐步完成的调整财产分布的过程中，独立的经济主体用其现有的东西来换取他们更急需的东西：劳动者用劳动换取即时支付，资本品的所有者出售资本品换取现金，消费品生产商靠销售换取即时付款，最后广泛意义上的企业家购买原始生产要素及产就的生产要素是为了现金，正如其销售产品是为获得现金一样。然而，现在很清楚，在这种情况下，具有企业家职能的前设是拥有财富。只有拥有财富的人才能启动迂回生产方式——无论其财富是能够作为自由资本的生活资料，还是可用于换取生活资料和资本品的财货，或是现金。进一步来讲，只有投资才能使已储蓄的资本成为资本。当资本所有者为企业家提供任何形式的财富以便启用迂回生产方式时，现在财货与未来财货的交换就出现了。因为迂回生产方式的本质就是今天发生的支出换取未来的回报。资本所有者与企业家之间之所以出现了分工，仅仅是因为资本所有者为了获得未来的回报，使其财富能够被企业家调用，现在财货与未来财货的交换也因此而存在。[7] 在这里，我们感兴趣的只是它在现代经济中实际呈现的形式：为换取未来回报的货币交换、货币借贷，或者简称信贷。信贷的出现意味着特殊的调整财产分布的方式，一种意义是，一个不能或者不希望在生产中使用货币资本的人，可以把其货币资本转让给另一个可以“运作”这个资本的人；另一种意义是，一个拥有多于其目前生产所需资本的人可以暂时将资本转让给其他人；最后一种意义是，一个拥有资本少于其生产所需的人可以向其他人借款，以后再还款。此过程的意义是，财货的分布得到调整，财富的分布得以维护；但是在维护财富分布的同时，资产的划分在使用它的人、不能使用它的人以及不希望在生产中使用它的人之间将会改变。显然，信贷的出现使得经济回报的增加显著，因为资本在人与人之间的流动将使资本更容易被用在回报更大的用途中，而且回报的增加也可以来源于其他合作要素。很明显，只有一个平稳运行的信贷市场，或者一个运行摩擦尽可能小的信贷市场，才是经济中“正确”利用资本供应的前提。最后，显而易见的是，完全发展的信贷市场是形成统一利率的先决条件，只有在统一的利率下，才能在资本的使用中实现可靠的计算。虽然我们已经说过信贷不是资本雇用型经济的必要条件，但我们必须在此证明，信贷制度无疑是使一个相对发达的经济体能够采用迂回生产方式的充分条件。此外，我们要提到的是，我们的兴趣重心是“生产性信贷”。

利息是在市场中形成的，是用目前可用的财货换取未来回报的交换价格，特别是货币利息作为换取未来回报的贷款的价格；只有市场中出现现在可用的商品对未来回报的交换，利息的价格才会出现。在一个经济

---

〔7〕 法律关系(即购买债券)可能会掩盖经济事实，在这里并不重要。

体中，正如我们所看到的，即使其具备迂回生产的结构，如果其中没有现在财货与未来财货的交换，利息的价格也不会出现。举个类似的例子，在一个不存在纵向生产结构的迂回生产中，每个企业家只购买原始生产要素，销售成品(生活资料)，资本品也就不会在市场上出现，从而也没有价格。尽管如此，每件资本品在任何时候都是有价值的，它的成本价格以及贴现回报值都可以计算出来。就利息而言，即使使利息价格出现的交易行为没有开展，即使利息没有在市场中形成，目前可用的商品的价值也大于未来可用的商品的价值，因为企业家可以通过更早地利用生产要素获得更大的回报。即使利息不以价格的形式出现，迂回生产过程的长度仍然受可用资本的限制，而利息的计算是正确构建迂回生产过程的先决条件。假设如下：在一个不存在市场的经济体中，利率不在市场中形成，而通过一个全知的机构来决定；机构在决定“正确的”利率时考虑了所有给定的条件，特别是资本的供应。企业家根据这一利率做出生产计算；也就是说，他们只执行那些回报超过利息支出的迂回生产过程，其中自然考虑到资本被绑定的时间。显而易见，经济体不会因为选择了不正确的迂回生产长度而受到干扰。然而，要是利率宣告机构出现错误，或者企业家没有遵守正确的宣告，那么肯定会出现严重的混乱。采用过低的利率计算意味着将开启过长的迂回生产过程。这种结构的情况前面已经详细提及。采用过高的利率计算意味着将采用过短的迂回生产过程，一部分自由资本将继续闲置，生产回报将小于其可能的回报水平。

很明显，在一个不存在资本市场的经济中，利率不以价格的形式出现，企业家很难找到可用作计算依据的“正确”利率。然而，同样毫无疑问的是，只要出现一个市场使利率作为用现在的货物交换未来的货物的价格出现，这个市场就承担了上述例子中规定利率的机构的作用。企业家只有在这个利率下才能得到资本，而且也知道，如果想保持成功，他在使用自己的资本之前必先考虑利率。然而，必须在此指出，我们所使用的市场以外规定利率的机构的例子绝不是纯粹的幻想。我们稍后会对此有更多的讨论。稍微调整一下这个模型，就能认识到一些为现代央行角色所特有的情形。

这些对信贷和利息功能的一般表述，应该可以准确描述“货币与信贷经济”的静态过程。如果我们假设企业家与资本所有者的职能完全分离，也就是说，如果生产中使用的资本总是由企业家在资本市场上通过支付利息获得，那么在这个资本市场上，我们将首先看到全部资本供给均是以货币资本形式出现的。经过前面的解释，货币资本的供应显然与先前或目前节省的货币收入的供应相同。提供资本的资本家所拥有的货币既可以用于消费，也可以用于投资。我们已经清楚地解释过，所有货币资本代表实际可用的生活资料，也就是说，在提供货币资本时，是在提供可用于支持迂回生产方式的实际生活资料。因此，在提供货币资本的市场上形成的利率恰好是足够高的利率，该利率使得所提供的所有货币资本都能被资本需求所采用，在这个利率下，所有可用于支持迂回生产过程的生活资料都将被引向此目的；迂回生产的长度将被引向于此目的；**也是在这个利率下，迂回生产的长度将被延长到最大限度以获得所有可用维持生计基金的支持**。在自由市场上通过货币资本供给确定的货币利息是“自然”利率或“均衡”利率。换句话说，货币资本的供给是“实际储蓄资本”的供给，货币资本在市场上被吸取的利率同时也是将实际储蓄资本提供给资本需求者的利率。换句话说，将货币引入商品循环体系，还有以货币利率调节生产结构，并不意味着破坏了迂回生产方式长度调整所遵循的那些原则。

我们始终都在假设的静态系统条件下，所有这一切最初都是成立的。〔8〕然而，现在我们将继续解释货币市场运作中会实际出现的，也是至关重要的错误。从我们解释的信贷的一般特点出发，我们将讨论一种特别形式的信贷，它也可以带来财产分布的调整，并且是以不同于我们刚讨论的方式。让我们预先指出，信贷被授予的形式本身与其功能毫无关

---

〔8〕 至此，我们只偏离了平稳经济进程的严格假设，即我们在分析中纳入了新的储蓄和节省资本的消耗。我们已经看到，在这些情况下，货币的重新分配也会导致财货使用的平行变化。

系。所有被持有的货币所代表的"正式购买力"都有其信贷形式,如现金(纸币、硬币)、银行票据,或者是存款(支票账户)。现在,关于银行票据和支票账户,关键之处在于其数额可以轻而易举地改动,因而改变了经济中支付手段的供应。我们在这里主要关注这种由于信贷授予的扩张或者紧缩而带来的变化。

关于信贷,在这里我们重新提出一个此前忽略的功能。我们并不主要关注它对价格水平的影响——也就是在其他条件相同的情况下,支付供应的变化必然导致大多数价格水平的变化,而只是关注它对经济体的资本供给的影响。通过扩张或紧缩授信改变货币供应,会影响资本的供应,进而也必然会影响生产的时际结构,即迂回生产过程的长度。在这里为了简化表述,我们只讨论央行增发纸币的问题。关于其他银行的信贷扩张,显然这类问题也没有本质的区别。

如果央行提供"额外"信贷,从而扩大经济的货币供应量,那么信贷扩张的初步影响将是独立的经济主体会比以前拥有更多的货币。除了那些已经在流通中的货币,这些货币也能索求财货。收到额外信贷的人的财富并没有增加,因为他们必须将其货币资产与其对央行的债务进行比较。这个想法掩盖了真实情况,因为它认为经济中当前就要兑现的事情可以由未来发生的事情来弥补。这里出现了时际顺序中的作用与反作用的错误划分;如果我们要分析额外信贷的影响,特别是要考虑生产的时际结构时,这种错误划分是绝不能接受的。立即产生影响的是额外的货币,而不是偿还的义务。至于在给出的信贷供应的情况下,经济主体似乎获得了货币,而实际上他们拥有的货币并不来自之前的——我们必须如此假设的——静态经济过程。这就是理论判定额外信贷特殊之处的决定性根据。

当介绍货币资本在静态经济中的作用时,我们始终假设一个经济主体能够获得可用于消费或资助迂回生产方式的货币收入。货币收入与产成消费品的创造是并行的,将这部分货币用于投资因此也等同于为支持迂回生产过程而储备生活资料。只要以前形成的资本被释放并再次用于生产,这种货币资本的释放就等同于创造消费品。获取自由货币资本的经济主体又可以选择自己消费这些生活资料，或选择继续以前的储蓄，从而使这些生活资料可用于支持迂回生产方式。仅仅因为自由货币资本总是具有维持生计形式的等价物，我们就可以得出“融资迂回生产方式同时是支持迂回生产方式”的结论，因此，生产对节省的物资供应的调整是通过货币市场的机制、货币利率的形成及其对迂回生产方式的调控来实现的。在我们现在考虑的情况中，情况有所不同：当授予额外信贷时，**尽管能够为生产过程注资，却没有生活资料用于对生产的支持，而这个支持是能够随着储蓄资本的投资自动发生的**。

我们在这里只对央行提供额外信贷感兴趣，因为它是生产性信贷，即可以使生产融资成为可能的信贷。出于这个原因，信贷只有在资本市场上出现时，我们才会感兴趣，在资本市场上，由储蓄创造的货币资本被提供以换取未来回报，利率则由供求关系产生。如果我们假设在这样一个现有的资本市场上出现额外信贷，那么很明显，只有提供信贷的利率低于现行的利率，它才有可能被需求吸取。正如我们已经说过的那样，利率对于迂回生产方式的长度具有选择性功能。现在如果更广泛的需求要被满足，也就是更多的信贷可提供，那这等同于满足之前被拒之门外的对货币资本的需求：这样的需求迄今为止没有得到货币资本的供应，只因为它无法支付现行利率。这种需求因为较低的利率而再度浮现，因此额外的信贷供应只能以调低的利率容身于相应的需求之中。较低的利率使得迂回生产方式能够延长。此前，对迂回生产方式长度的限制是**根据真实资本的供应**所确定的利率，至此这个限制被移除了，由此带来了一个我们必须应对的问题将于稍后作答。

与此同时，在扩大的货币资本供应表象之下也蕴含着其他意义。这笔新钱将用于资助迂回生产过程，从而被转移到原始生产要素上，进而出现在消费品市场上。如果生产是用额外的货币来资助，那么对逐渐膨胀的迂回生产方式的支持将会成为一个问题。这里出现了第二个我们稍后必须解决的问题。

这两个问题，即额外信贷对迂回生产过程长度的影响以及它对生活资料市场的影响，在紧缩的信贷下以相反的形式出现。让我们假设在静态经济中，生产的一部分已经通过信贷融资，现在这些信贷被撤回，要用于偿还信贷的货币也节省下来。在这里，生产结构的变化也是可以观察到的，我们稍后将必须讨论这个问题。

在我们继续讨论这些问题之前，让我们再说一点。我们之前在考虑货币经济时提出的静态经济分析始于硬性货币供应的假设。我们设定经济中有给定数量的货币供应：可用的货币在企业家手中反复周转，他们将收到的部分货币用作资本资助生产。额外注入货币与从经济中抽出货币一样会产生干扰。但是，如果我们超越简单模型并考虑现代经济的更复杂情况，我们必须稍微修改一下这种后果。这里的问题是，从货币方面来说，硬性的货币供应量是否是一个先决条件，能够使生产结构不被干扰。在这里，我们必须考虑此前忽略的一些可能情况。让我们想象有这样一个经济主体，他将货币收入直接放入一个盒子中作为储蓄。当储蓄者克制消费时，经济中潜在的货币资本供给就会减少，这相当于信贷紧缩。如果在这种情况下，央行用额外信贷替代退出流通的货币，那么这一次增加的货币量将成为维持生产结构的必要前提，那些囤积货币的"储蓄者"所割舍的消费品得以被转到对迂回生产方式的支持中。另一方面，如果囤积的货币再次到达资本市场而央行没有相应地收紧信贷，那么这笔钱将作为额外货币出现。或者做个类比，让我们想象在纵向结构化生产中存在一种"障碍"，它们被搁在货币资本流向原始生产要素的途径上。很容易看到，增加这种障碍需要逐步地分割生产，减少这种障碍需要整合纵向生产结构；障碍的增加和减少必须与货币流通量的增加和减少同步进行，除非这样的结果缘由信贷的缩小或扩张。

这些例子足够表明，在货币的供应没有适应调整的情况下，对信贷体量的弹性需求会带来对迂回生产方式结构中的资金的干扰。让我们再次考虑先前提出的由全知机构(ominiscient supervisory council)决定利率的模型。如果央行能够从货币"中立"的角度完全掌握信贷调整的条件，那么仅仅根据情况，它就可以扩张或紧缩信贷。央行为抵补囤积的影响所授予的“额外信贷”不是“真正的额外信贷”,而是“抵补性信贷”;央行对抵补“去囤积”的货币所做的信贷限制不是“真正的信贷限制”,而是“抵补性信贷限制”。然而,央行并没有可靠的指标用于这种政策;经济中没有任何东西可以直接告知央行信贷供给是否大于或小于“实际储蓄资本”的供给。在货币与信贷经济中,没有哪个市场会因信贷供应的“人为”影响而立即被扰乱。在这里,一般的规律是,货币供应对资本市场的影响只能通过信贷扩张或收紧的影响来识别。即使借鉴现代经济观察的所有手段,[9]央行也不可能达到我们前面提到的那种全知机构所具有的地位。在实践中,央行首先设定单边利率,在此基础上授予信贷。银行收到的申请额度取决于这一利率的高度。如果设定一个利率的高度,整个信贷的供给——包括来自市场的供给以及来自央行的供给——恰好与储蓄资本的供给相对应,也就是说,每笔信贷都只有一种功用,即只会引导节省的生活资料用于支持迂回生产方式,那么在货币体系的运作中,货币将永远不会干扰资本供给。但是,央行永远无法找到确定这一利率的精准线索。在其贴现政策中,它必须依赖于某些外部指标(储备金要求、黄金流向、货币市场的情况等)。因此,中立货币意义上的理想货币运作可能永远不会出现。(我们忽略了央行借助于信贷政策也可以努力实现它的其他目标,绝非仅是争取中立货币的理论理想。)

这里还有一点需要提及。在现代信贷组织中,央行并非唯一的信贷来源,其他银行也可以授予额外信贷,负债保持不变的银行减少现金储备的情况就是如此。[10] 央行永远无法统治货币市场,永远无法立即抵补最

〔9〕 这个问题应该保持开放,无论是对这个问题进行经济观察的调整——在商业周期的观察中已经开始这样做——是否能够改变这里的某些东西,至少在这样一个意义上说,货币刺激对资本市场的影响可能是公认的。关于这些影响,我们稍后将有更多的说明。但是,这一评论绝不应被理解为中性货币政策对我们而言是唯一可行的政策。这里必须注意,即使这样的政策还有待说明的事情。然而,我们对中性货币的兴趣在理论上是合理的,并且明确地提出这个理由也许是恰当的:在平稳的经济中,货币影响会导致“干扰”;因此,存在一个问题,在什么情况下干扰不会发生,即货币是“中性的”。这里,关于货币中性的问题因此是关于货币经济平稳过程的货币条件的问题。

〔10〕 只要银行出借可用的货币——特别是在其他地方创建的银行票据——它就起到信贷代理的作用。然而,就银行授予的信贷额度可以作为转账形式的支付,银行同时贷款给客户信用时,信贷关系随之产生。

轻微的波动,永远做不到在任何情况下都维持货币的中立性。

因此,通过信贷的扩张和限制来影响经济的问题,必然是由货币系统组织造成的。然而,在经济领域中,我们必须研究均衡中的这些扰动对生产结构的影响。

4. 信贷扩张影响下的生产

创造"真正的"额外信贷意味着拉低了与储蓄资本供应相对应的利率。因此,它必然导致迂回生产方式的过度延长,使迂回生产方式的扩展超出了经济资本供应所能支撑的范围。这是支撑了以下分析的基本思想。对迂回生产方式的"正确"长度这一主题,我们反复研究了几种情形,从而回答了有关信贷扩张影响的问题。我们目前考虑的都仅仅是货币与信贷经济中,迂回生产方式呈现的特定形式以及其过度扩展的一系列结果。对实物经济中出现的情形的简短回顾,将再次作为我们的出发点。

迂回生产方式的过度扩展必然导致资本投资固化,导致投入到生产结构的自由资本无法及时释放。如果"过长"的迂回生产方式的结构进行到底,结果将会出现生活资料的全面匮乏,无法用于支持这些生产方式;〔11〕经济将不得不退回到不采用迂回方式的生产,也就是即获生产,而现成的资本品作为生产辅助方式,也只是唯一还能借助的条件。无论如何,缺乏自由资本就无法进一步维持迂回生产方式。只有被生产出来的成品消费品,才是可以用来为生产提供支持的东西。不过,如果经济体及时注意到迂回生产方式的进一步延长不能带来好的结局,那么可以及时缩短迂回生产方式,以避免资本的完全固化。尽管经济会遭受损失,消费品的产量会下降,给养也无法保持像以前一样充足,但是仍然能够继续迂回生产方式的生产,虽然其长度缩短了。对于以下考虑的结果,我们可以说,一般情况下,随着货币经济过程的发展,迂回生产方式过度扩展的结

〔11〕 只要有可用的"耐用消费品",就可以自然地保持其生产性贡献。

果将以第二种情形出现。信贷扩张将首先使(相对)低利率成为可能;然而利率会必然地上升,并迫使迂回生产方式缩短,**从而防止资本被完全固化,避免退回到即获生产**。不过,我们必须从扩张信贷的第一个影响开始。

让我们首先假设一个静态经济的过程,其中所有价格都处于均衡状态,利率的高度恰好使迂回生产方式的长度与资本供应一致,使资本的释放恰好足够维持迂回生产的长度,也使得生活资料和资本品的供应保持稳定。

投资于设备的自由资本只能在将来的某个时间点释放,这种情形在实践中主要涉及很早期的生产阶段的耐久资本设备。在这样的生产框架内,耐久资本品的形成是延展的迂回生产方式中极为重要的资本绑定形式。此外,生产这种设备将带来原材料产业的进一步扩张。最后,在与消费品生产密切相关的生产阶段,甚至在消费品本身的生产阶段,耐久设备的产量预计会有所增加。然而,所有扩大投资的问题都是资本能否及时释放的问题。因此,我们的问题必须表述如下:是否有可能及时释放出延续这一生产过程所需的资本?这个问题与另一个问题完全相同:消费品生产过程中产生的资本基金是否足以持续维持所有上游生产过程?或者更通用的版本为:是否有可能在生产的每个阶段及时获得更新基金,以确保维持所有上游生产过程?

我们必须意识到,继续这种推理会遇到一种特殊的困难,这种困难根植于货币计算需要将实际交换比率换算成货币价格。如果我们对实物经济的讨论没有异议,那么根据此前给出的解释,答案将非常简单:关于如何给养扩张的迂回生产方式的问题已经浮现,而自由资本——用于给养的维持生计基金,毫无疑问地尚无增长。因此,生产结构调整必然导致资本供应方面的困难。但是在考虑货币计算时,我们还必须注意一个问题:关于为扩张的迂回生产方式提供资金的可行性——即便随着信贷的扩张,市场中出现了更多的货币。

现在我们可以采用一个有用的示例,首先可以假设没有事先扩张信贷,那么迂回生产方式的扩张是凭借之前的货币量。这种情况可以直接想象得到:由于计算错误,人们引入了过长的迂回生产方式。那么很明显,必然出现财务困难。在消费品生产阶段释放货币资本,不足以为上游生产阶段的所有周转提供所需资金。如果到目前为止,生产融资需要一定数量的货币资本,那么现在有必要留出更多的货币资本来资助扩大的迂回生产方式。由于我们所假设的不是这种情况,那么结果必然是资本供应不足以满足上游生产阶段的资本需求,而满足这些阶段的资本需求是连续生产不被打断的先决条件。资本的短缺与利率上升必定会发生。

此模型现在可以应用于此示例。第一个区别是,事实上有更多的货币可用。价格必然上涨,随之而来的则可能是之前价格关系的破坏。稍后将对此进行更多的讨论。然而,除了相对价格的变化,当额外货币在经济中周转,价格的上涨也会发生(普遍的上涨或者全面上涨,无论是哪种情况,我们在此首先考虑价格上涨这一事实),这在实践中意味着,价格的上涨将抵消货币供应量的增加。然而,对应较高的价格,用增加的货币资助迂回生产方式,这种情况下融资的可行程度与价格和货币供应保持不变的融资情况一样。结果是:鉴于预期的价格上涨,货币供应的增加基本上意味着融资的可能性并没有扩大。我们利用模型表明了这一点。

现在我们可以清楚地认识到信贷扩张的影响。生产进程将增加市场上的货币资本需求。人们会试图满足这一需求,这需要他们从自己的产品利润中留出一部分货币资本。此外,他们还将带着对货币资本的需求进入开放的资本市场。必须假定资本供应不变,因为这笔资本代表更大的货币总额,且可以被价格上涨抵消。需求变得更大,不仅在货币表达的意义上,而且也在实际有效的意义上——为了维持迂回生产方式,将需要更多的资本。资本市场供需失衡必然导致利率上升。

如果我们假设额外信贷也可以视为信贷来源,也就是说,央行提供了额外信贷——我们在此不讨论其他可以创造信贷的银行——那么在资本市场上由此产生的供需平衡可以通过创造更多的信贷来保持。由此,央行只要持续授予额外信贷,就可以避免利率上升。如果央行继续推行信贷扩张政策，以避免资本短缺导致的利率上升，那么问题是哪些结果会必然发生。从我们之前的讨论中，答案显而易见：系统地稳定利率必然会导致迂回生产方式的“不合理”延长，所有的后果都会逐一出现；迂回生产的过度扩张将带来自由资本的完全固化。随着信贷的扩张，向着这个最终状态行进的生产结构调整就开始了。只有提高利率才能防止生产完全调整到“过低”利率的结构，以及其一切后果的发生。如果利率不允许上升，结果将是消费品的完全匮乏，以及维持生计基金的完全匮乏，以至于迂回生产方式根本无法得到支持。

在一个非常简单的模型框架中提出这种关系也许会有所帮助，预先声明，这个模型只是一个高度程式化的现实版本。我们假设同步化生产分为六个相同的生产阶段；信贷扩张只会影响迂回生产方式的最后阶段的启动，因此，延长了迂回生产方式的生产调整将在这里开始。〔12〕新开始的生产阶段也将开始使用加长的迂回生产方式。因此，到目前为止，六个生产阶段中的每个阶段都持续了一段时间(t)，也就是说，从最初引入原始生产要素到成品消费品的实现，一段时间已经过去，从现在开始的迂回生产方式将只能在更久的一段时间($t+v$)末期产出成品消费品。只要保持迂回生产长度不变的生产阶段继续为经济提供生活资料，中断就还没有发生。然而，一旦利用迂回生产方式的上一阶段的产品被用尽，就会开始缺乏生活资料；由于下一阶段的生产已经采用一个延长的迂回生产进程，因此也无法及时完成。缺乏可出售的生活资料也意味着缺乏释放出的货币资本。如果之前提高了利率，那么延长的迂回生产进程将被强制缩短。这里很清楚的一点是：在这种生产进程的结构下，对于消费品的供应，信贷扩张的最终后果不会立即出现，而只会在一段时间后出现。现在，我们的模型中描述了这个时间段，因为最初，那些结构没有改变的生产过程能够平稳地为市场提供生活资料。只有当需要从那些加长的迂回生产过程中获得能用于支持的回报时，才会出现缺乏生活资料的情况。

---

〔12〕 这个我们即将放弃的假设是一种任意的假设。还要注意的是，该模型稍后将用于呈现另一种关系，从中可以首先识别信贷扩张的整体影响。

现在我们放弃如此简化的生产过程的假设，也不再认为在信贷扩张后，只有新开始的生产过程才会采用延长迂回生产方式。然后可以清楚地看出，生活资料的缺乏将以不同的面貌出现。这些资料的短缺会逐渐显现，并且会随着生产方式延长逐步展开而加速。因此，货币资本短缺也将逐渐增加。稍后我们将从一个完全不同的角度来看待这种关系，并且会得出一个略有不同的结果。让我们在这里说一件事。由于生产结构循序渐进，生活资料供应短缺的发生必然是开始时缓慢呈现，然后逐渐加剧，利率上升的可能性很明显。只有提高利率才能防止生活资料越发短缺乃至最终完全缺乏的情况。

在如上讨论的进程中，我们可以预见央行将提高利率，并且停止信贷扩张，这些措施将先于迂回生产方式扩张的最终结果的发生。这其中有两个原因。一方面，信贷的逐步扩张必然会导致信贷体系的压力越来越大。信贷扩张越快，在经济体内整体信贷额度中额外信贷的份额就越大，而储蓄资本的相对重要性就会逐渐丧失。信贷市场的这种情况通常是央行限制信贷的理由。但这里还有第二点需要考虑。很明显，如果要防止利率上升，央行的信贷扩张必须逐步增加。信贷扩张，仅仅意味着**货币资本的供应超出了实际储蓄资本的供应**。随着储蓄资本供应的持续缩小，如果想保持这一超额，进而也保持迂回生产方式扩张后的长度，那么，随着每次价格上涨，额外资本的数量必须更快地增长。持续的价格上涨，货币的贬值，将使央行举步维艰，无法维持通货的等位价格(parity)或是满足准备金要求。信贷体系的压力和“货币存亡危机”将导致央行加息，而利率的上升将导致迂回生产方式缩短。

在谈到这个过程之前，我们先考虑一下由于信贷扩张而必然产生的一种完全不同的关系。我们有必要考虑一个被货币经济所特有，而缺失于实体商品经济的过程。我们之前讨论过货币资本的具体功能是通过注资为生产提供支持，这也是我们接下来的讨论的必然出发点。为了研究信贷扩张对基于时间的迂回生产结构长度的影响，我们首先考虑的是对早期阶段使用的生产结构要素的影响。现在我们将注意到生产过程的末尾。如果我们已经首先注意到在早期生产阶段,生产资料的使用向更早的时间推移,那么我们现在必须询问:在接近消费端的生产阶段,生产资料的使用是否也发生了推移?

延长迂回生产方式必然导致生产要素的需求变化。在这里,我们要区分两种情形。

一种情形是,市场上有闲置生产要素可用,并能按现价购买;另一种情形是,雇不到新生产要素,或者提高价格可以(在相对较小的范围内)雇用到一些。在不同的背景下,我们在分析人类劳动作为生产要素在不同的市场中的配置时,给出了这两种可能性存在的理由。这里只需参考这些解释即可;因此也请注意,在接下来的讨论中,两种情形都主要适用于人类劳动这种要素。在第一种情形下,就业人数将在工资不变的情况下增加;在第二种情形下,就业人数保持不变(或仅略微增加),而工资将增加。在这两种情形下,工资总额都会增加。这正符合我们在推理之初所考虑的情形。随着信贷扩张,企业家获得了新的货币资本。当货币资本到达了生产要素市场,工资开销也可能增加。当然,额外的货币可以索求现成的资本品,从而推高其价格。只要这种情况发生,在货币资本从企业家手中周转到原始生产要素的过程中,我们之前说过的"障碍"就会出现。一方面,我们不能高估障碍在这种联系中的重要性,因为还没有理由认为额外的货币会首先到达消费品生产者的手中。实际上,我们可以预见到相反的情况。通过降息最能直接鼓励的生产阶段,是降息对于降成本更具意义的生产阶段,并且这很可能处于消费品生产的上游阶段;在那些阶段中,投资支出与成品生产之间的耗时最长。只是必须认识到,即使信贷扩张首先对资本品市场产生影响,单凭这一点也不会导致生产结构发生变化。生产除了资本品以外,还需要原始生产要素,并且只有在原始生产要素有新用途的情况下,经济中才真正有新的东西,而不仅仅是当资本品的所有权从一只手转移到另一只手而没有产生新的创造时。综上所述,信贷扩张导致工资总额增加,完全与劳动者数量增加与否无关。然而,工资总额的增加意味着对生活资料市场的需求增加,因此生活资料的生产可能会扩大,亦即生产将通过尽快增加供应来努力满足对生活资料需求的增加。

这意味着,首先会在生活资料市场中感受到额外数量的货币对价格带来的直接影响,这始于提供原始生产要素者收入的增加。我们已经看到,额外货币不会全部直接从企业家的手中转移到原始生产要素,而是有部分货币会首先用于购买资本品。不过,这些货币通常会用作上游生产阶段的资本品,而不是用作已经成型的消费品阶段的资本品。因此,在消费品生产领域,额外货币的作用将更大地体现在需求的增加,而非成本的增加。因此,我们可以预期生产在此扩大。[13]

消费品生产的扩大相当于维持生计基金的增加。这使得能够以保持不变的工资雇用更多劳动者,或者以更好的报酬(更高的实际收入)雇用数量不变的劳动者。[14] **然而,最重要的是,生活资料在这样的情况中增**

---

〔13〕 在这里,信贷扩张必须与通货膨胀以相同的方式运作,直接用于为消费提供资金,例如,支付公职人员的工资。

〔14〕 让我们简要讨论经常观察到的情况。

(1) 在以不变的工资雇用更多劳动力的情况下,只要没有发生消费品生产的扩大,对于增加的工资总额,就不会相应地出现扩大的维持生计基金。如果是这种情况,我们就有一个"强制储蓄"的案例。因此,由于其较高的"苛求性"(用于消费部分的供给份额减少了),一个不变的维持生计基金就有可能延长迂回生产方式。(这种情况发生的代价是那些劳动工资低于其边际产出的工人。)然而,在任何情况下,这种关系都无法证明其有可能持续"支持"扩大迂回生产方式,因为它仅仅是一种阻力。最后,增加的工资总额将导致消费品的生产扩大,尽管生产消费品的成本将与索取生活资料的货币需求规模**至少同比例**增长。然而,我们不能轻易做此假设,因为正如我们已经表明的那样,必然会出现的情况是,价格首先显示上涨的资本品不会是那些即将成型为消费品的中间产品。但是,如果消费品生产的快速增长只能通过价格上涨来实现,那么维持生计基金的增长速度必然比工资总额的增长慢得多。我们也可以把这里的情况归为强迫储蓄。然而,有些确切可见的进一步影响更为重要,也就是我们现在正在说明的联系,消费品生产中最小的扩张也意味着资本的消耗。在另一种情况下,以目前的工资标准,劳动力供应有限,导致工资上涨,那么刚才提出的想法可以毫无困难地应用。随着生活资料供应的增加,提高货币工资必然导致实际工资上涨。但是,在消费品价格上涨的情况下,实际工资涨幅与货币工资涨幅不会相同。

(2) "强制储蓄"也来自另一种联系。只要货币收入保持不变,价格上涨就会迫使消费者克制消费。但是,必须谨慎使用此规则。例如,如果货币养老金的领取者因为价格上涨而被迫克制消费,那么这件事的另一面是债务人实际负担的减轻。只有当债务人不增加消费时,储蓄才会发生。然而,这绝不是强制性的,而是完全正常的"自愿"储蓄。(顺便说一下,如果人们确信,领取养老金的人往往比成为债务人的人更不愿意储蓄,因为后者为了用借来的钱获得更大的经济成功,那么这种说法也许是有道理的。但问题完全在于自愿储蓄。)与此类似的情况是,将公务员收入的"购买力"下降与纳税人的减免进行比较。我们在这里不必再关心这些问题。

加,必然伴随着资本的消耗。

让我们再次回到前面用过的六阶段生产模型,以便考虑延长生产对生活资料供应的影响。在那里我们看到,延长迂回生产方式无论是发生在生产的最后阶段还是新的生产刚刚启动的阶段,带来的都是生活资料的供应暂时保持不变,生活资料的缺乏只会在以后发生。现在我们来分析该模型的另一个变化。生活资料的生产将会迅速增加,这只能意味着在成品消费品的生产路径上,被绑定在生产的第二或第三阶段的资本品将从这些阶段撤出,并在较短的路径上转变为成品生活资料。结果是,在接下来的一段时间内,可能存在扩大的生活资料供应,但随着时间的推移,更大的匮乏会出现。

显然,通过扩大消费品的生产来扩大给养,延长的迂回生产方式将永远无法完成。当然,使用迂回方式进行任何生产的先决条件,是不断提供相应的可用于支持原始生产要素的消费品。在这里,我们一方面要面对扩大的消费品给养问题,另一方面又要面对迂回生产方式的延长。这两种运动以消耗资本为代价共同运作;即使资本的消耗能暂时扩大给养,但是这样的消耗却无法在同样程度上维持给养。同时,延长迂回生产方式需要从以前的资本存量中得到持续的供应,才能够弥合时间的跨度,直至延长的迂回生产过程结束。简单表述为:通过消耗资本来扩大消费品的生产,将必然使由迂回生产方式延长引起的困难进一步加大。

在阐述信贷扩张效应的复杂关系时,必须使用相当抽象的模型。我们面临的任务是表明,迂回生产结构中会发生两方面的转变,对它们加以区分是做研究的必要原则。首先,消费品生产扩张后,资本会被消耗;其次,迂回生产扩张后,资本投资流动性不足会加剧。通过考虑结构化生产的示意性过程,我们可以使这两种变化更加清晰。基于经验的世界无从知道任何抽象阐述的生产过程组织。然而,这并不妨碍信贷扩张展现我们所辨析的在两个方向上的后果。我们已经看到,信贷扩张使得央行要么选择稳定地提供更多的信贷,要么加息;别无他选。[15] 我们已经看到,阻止利率上升最终必然导致资本完全固化,但是也可以预期到央行会提早加息以确保货币安全,并且同时限制信贷结构。[16] 然而,随着利率的上升,我们将面对新的处境。

随着利率的提高,生产过程面临着新的计算基础:延长的迂回生产方式变得无利可图。如果利息的增加迫使迂回生产方式缩短,那么利息的增加也就迫使生产的调整去适应更有限的资本供应。如果信贷扩张导致迂回生产方式过度延长,那么终止信贷扩张会让过度延长的迂回生产方式进入清算。如果市场上不再出现额外信贷,那么信贷供应与储蓄资本供应相同。我们没有理由假设在信贷扩张阶段,新的储蓄资本能够产生关键影响,那么只有从消费品生产中释放的资本供应可以被视为信贷供应。很明显,这里所描述的经济状况只允许在相当有限的范围内释放资本。生产将必须要适应这种情况。我们仍会有机会详细研究这一调整过程。

这里再说一点。我们论证的出发点是静态经济中信贷扩张的初始和演变。静态经济的维持取决于特定的价格体系。额外信贷直接地对价格体系产生了干扰。这种干扰首先显现在货币利率上。在我们介绍了所有内容之后,很明显,在静态经济系统中,利率代表了一个重要的环节,它可以防止这个系统中的各个要素偏离于静态经济过程。此外我们还看到,

---

〔15〕 没有必要指出,央行在不加息的情况下对信贷进行配给,必然会产生与加息相同的结果。在这两种情形下,信贷的扩张都将受到限制。在一种情形下,那些能够支付最高利息的人获得信贷;在另一种情形下,其他一些选择原则将对信贷分配起到决定性作用。然而,被强制保持在低位的利息满足了无能力支付更高利息的借贷者,同时它也排除了有能力支付更高利息的借贷者;信贷配给与依据经济效率分配的信贷相比,起到了相反的作用。此外,鉴于央行之外还存在其他信贷来源,信贷配给仅仅意味着能够直接从央行获得信贷的经济主体才能得到较低利率的贷款,而在资本市场上其他地方的利息则无法降低,除非人们对整个资本市场设置烦琐的限制,并承担所有后续结果(但这些后果在这里没有意义)。

〔16〕 如果央行不加息并继续扩大信贷将会出现什么情况,我们只需要发表几条评论。逐步缺乏生活资料将导致经济出现紧急情况,这将表现为价格急剧上涨。由于我们已经提到的原因,信贷总量也总是以更快的速度增加。在这种情况下,经济将停止以通货膨胀货币进行计算。但是,由于其数额有限,因此所有其他资金只能以更高的利率在信贷市场上获得。这样,与储蓄资本供应相对应的利率将生效。在严重通货膨胀时期,为了创造一个只能使用这种虚胀货币的市场,通货膨胀货币的"贬值"经常被国家的冻结价格推迟。尽管如此,人们还是经常转向以其他货币计算。此外,在形成膨胀货币的利率时,货币的贬值通常通过相应的利率上升来解释。

额外信贷首先通过对原始生产要素的支付到达了消费者商品市场,并推高了消费者商品价格,进而影响各种价格之间的关系。消费品生产的扩张背离了静态经济进程,意味着资本的消耗。

因此,通过额外信贷增加货币供应,不仅会造成将一个价格水平转变为另一个价格水平的问题,而且会产生额外的后果——扰乱了价格体系并且扭曲了生产结构。

附录一　关于商业周期问题

1. 前　言

经济生活中的波动起因众多，因为经济化过程(economizing)有着众多的外部条件。这些外部条件的变化进而引起经济进程的过程发生改变。如果经济受影响的程度很深，而且进一步调整极为必要，特别是经济的外部影响因素持续变化并对经济造成长期持续的破坏，就可称之为经济危机。在所有情况下，经济中发生的过程是依据数据变化而进行的调整；与经济过程中日常出现的最小波动相比，我们面对的只是这些影响在维度上的变化。然而，经验揭示了经济波动存在一定的规律性——这种规律性无法从凑巧的外部干扰中得到满意的解释——因此人们尝试寻求这些规律性周期的具体原因。在各流派的危机理论或周期理论中[因为人们不仅关注如何解释"紧迫性"危机("acute" crisis)，而且更关注如何解释周期反复的上行和下行]，现今能够获得普遍认可的理论大多出自早期关于危机问题的理论论战中，它们都力求寻找在货币市场条件下经济发生周期运动的原因。以下解释也认同"经济危机的通货信贷理论"的正确性，通常称之为贸易周期的货币理论。

有两种情况说明这一理论在寻找经济周期原因的方向上是正确的。首先,我会提出一些经验上的东西:周期上行的进程和危机的发展,与理论所推导出的信贷扩张效应精准地切合。其次,还有一点与定理的出发点有关:当经济体系的一个方面发生变化时,经济体系会释放一个动态调整以应对这一变化。但是如果变化始于利率,那么这种调整就有一个特点。降低的利率将无法启动一个能对抗经济数据变化的调整,而只能是将经济数据变成静态经济过程的一部分。信贷扩张与利率下降同步发生,带来持续偏离均衡的运动。我们最初阐述的信贷扩张效应,还没有将经济危机问题纳入考量。前面我们已经分析,如果信贷扩张的过程不受阻挠地进行到底,最终结果将是全部资本投资固化。显而易见,这样的运动没有趋向,也没有形成另一个静态经济过程。我们还看到,信贷扩张的影响会对信贷扩张政策带来压力,因此政策的终止也是在意料之中的。

我们将从这种情况开始进行商业周期分析。稍后我们会证明,周期上行在实际中创造的一种情形支持我们对此分析的出发点的选择。

事先说明一下,我们分析商业周期的方法将不同于我们之前的解释方式。粗略地说,我们的方法与我们剖析生产的时际结构时所用的方法不会"完全一致"。之后我们会有机会对方法的改变做出解释。而现在有必要讨论以下主题。

2. 商业周期的两个转折点

在信贷扩张终止的时刻,信贷扩张产生的经济状况会使进一步的经济进程根据现有数据进行调整。当信贷不再扩张时,产生干扰的货币因素得以消除。现在经济体中唯一可用的资本是先前节省下来的、可以从生产进程中获得释放的那部分资本——这里完全不考虑由新的储蓄形成的资本。我们将会解释,在这种状况下会出现的一些情况阻碍了对实际数据进行顺利调整,也就是说,这些情况将驱使经济偏离均衡。在详细考虑这一点之前,我们首先解释这样的数据调整过程是如何因信贷扩张的停止而形成的。

由于资本供应过于稀缺,已经开始的"过长"的迂回生产方式无以为继,生产的中断将是必然结果。相对(甚至也可能是绝对的)高利率将作为生产过程是否继续可行的筛选原则。提高的利率带来了企业家之间对自由资本的竞争,阻止了那些无力支付现行利率的企业家继续生产。停止生产的后果将是生产要素的释放,资本品和劳动力这些要素的价格因此必将下降。这种对生产要素的压力并不一定会产生价格低点,足以使市场完全吸收所有的生产要素供应。特别是,如果劳动工资下降缓慢,而且很难甚至无法降到一个最低限度,那么大面积的失业就会发生。即使在没有价格管控的情况下,通常也如此。关于维持生计基金,只需指出少量的资本供应等同于用来支持迂回生产方式的生活资料供应缩减了。较小的工资基金一定对应于较少数量的劳动者,除非工资压力全面影响了就业市场,从而降低了劳动力的价格。生产受到的限制和许多中间产品的价格下降往往会造成损失。投资资本的损失不仅会冲击企业家和私人资本所有者,而且会冲击炮制和发放信贷的银行。这里没有必要更详细地介绍已众所周知的经济危机现象。

生产过程的中断不会系统地发生。这是因为生产的进程终归取决于单个企业家的行动,取决于他们如何调整以适应实际市场情况。特别是,由大规模固定资本设备构成的投资代表着巨大的成本价值,因此这种已经启动的生产进程将不会被完全终止。相反,这个进程的命运往往取决于释放自由资本的意愿。因此,生产要素仍将用于完成一个生产进程,即使永久地维持生产并不现实。除了需要自由资本继续生产之外,还需要"获得资本"用于清算现有投资。如果一方面是当下对资本的需求增加,那么另一方面,成功的清算可能意味着可以为生产赢得新的自由资本。在这里我们必须注意到,这样的资本释放只能通过生产成品消费品来实现;只有这种方式才能实现资本投资的"经济"清算。如果清算仅意味着资本品被出售,那这不过是我们之前反复提及的流动性问题中人际角色变化的实例,发生这种情况的先决条件是自由的货币资本已经在其他地方获得。然而关于资本释放问题，我们要指出在调整过程中出现的另一种情况。由于经济的破坏，尽管生产进程能够继续进行，新的成本支出可以由相应的收入担当，但是却无法持续生产出必要的更新基金，抑或只能持续产出不足的更新基金。[1] 由于这个原因，资本供应将会出现严重的短缺。这方面的显著意义在于：资本释放不会达到充足的程度以支持持续的生产，其中包括所有必要的再投资。只要生产进程逐步停止再投资，那么其上游的生产阶段必将遭废弃。

因此，一旦信贷扩张停止，随后的调整进程本身并不简单明了。对资本的需求将根据特定的情况而变化(除了继续生产的需求，以清算生产进程为目的的需求也会增加)，资本供应也是如此。通过清算以前投入的资本，供应将增加；而对于那些在经济调整的进程中无法产生更新基金，又不得不艰难进行的生产来说，供应将会不足。实际上人们会认为，在危机爆发初期可用的稀少自由资本数量会在调整的过程中逐步增加。可以想象，在这些情况下，改变不会一蹴而就，而只能是在一个较长期的持续波动中完成。然而我们没有理由认为经济不可能完全地调整到均衡点，亦即经济滑向静态经济过程。关于利率，我们可以得出的判断是，在危机局势复苏之初利率会更高，只会在以后逐步下降；人们也可以假设劳动力的就业程度会随着资本供应的增加而增加。经济中各个要素相互调整的运动细节在此不再进一步解释。

经济达到均衡状态取决于一个关键的先决条件，我们现在必须探究它是否会存在。如果新出现的破坏性情形介入我们对危机清算的分析，我们也只能得出结论：运动不能带来均衡。在这里，我们再次面临货币资本的供应和利率高度的问题。趋于均衡的运动只能在货币"中立"的条件下发生。这里的先决条件是货币资本的供应与实际储蓄的资本供应相

---

〔1〕 人们常听到这样的说法：它只能支付运营成本，而不能支付总(固定)费用。实现与先前进行的长期投资相对应的回报，与该投资的连续释放是相同的，即形成静态过程所需的更新基金。

同。[2] 在不计新储蓄的情况下,这种真正的储蓄只能来自消费品生产的回报,来自先前节省资本的释放,是“延续的”储蓄。无论货币资本出现在何处,它到达经济主体的过程只能是资本转移的过程,也只能是资本从消费品生产中释放的过程。货币资本与储蓄资本的同一性在此意味着货币的中立性。从这个意义上说,货币的中立性是危机转向均衡的自然先决条件。之前我们推导了由额外信贷注入导致的危机进程的过程,而现在我们将尝试表明,在危机清算的进程中,由于承担资本职能的货币从周转过程中汲出,偏离均衡的运动将应时而生。**在经济上行的过程中我们已经看到,货币资本的供应规模超过了储蓄资本的供应**。我们现在想要表明,**在经济萧条时期,货币资本的供应滞后于生产可以实现的规模**。我们将首先单独确认并说明向着这个方向发展的每种条件,然后尝试找到它们之间的联系。

货币非中性行为的第一个原因已经很清楚,它就处在促使信贷扩张停止的情势之下。“信贷系统的过度扭曲”不仅会迫使银行停止进一步的信贷扩张,而且会限制银行所授予的信贷额度。除此之外,危机的症状——崩溃和相关损失,以及信贷“冻结”——更可能促使银行在现金储备与所授信贷之间维持一个更健康的关系。因此,信贷体量将紧缩,银行将回笼现金。在银行领域之外也可以预见到类似情形:当考虑处于危机之中面临着流动资本不足的种种危险,比如预期付款缺乏、存款无法提取、信贷难以获得,许多公司会增加其现金储备。与我们研究的调整过程相比,所有这些都意味着从支付流通系统中抽走货币,进而破坏经济过程。[3]

这笔资金在经济中可以有两种用途。这笔钱本可以用于购买消费

---

〔2〕 在这里,我们忽略了货币非中性干预的另一个例子——例如,印新钱直接用于消费用途——因为这个例子不属于现在讨论的问题范围之内。

〔3〕 对于这里分析的问题,哪种类型的资金从流通中退出是无关紧要的。实际上,支付手段的流通减少主要影响支票。另外,钞票可能在很大程度上涵盖以前由支票处理的付款。

品，被其所有者用于消费。[4] 这只是资本消耗的一个例子：以前的储蓄没有得到维持。这里暂时没有考虑这种过程的影响。我们会注意到，这种情况也可能在危机清算过程中发生；这种特殊情况下的资本消耗，其后果与其他情况也没有什么区别。货币所有者的另一种选择是用这笔钱去投资，这将对应于静态经济中的过程。因此，这笔钱将用于支付原始生产要素（直接向要素所有者购买，或者通过中间商购买）。后者本来会带来生产性贡献，而且他们会用货币收入购买这笔钱所代表的消费品。如果投资没有发生，货币被存放在企业家储备或银行储备中，而以前高频授予的流通信贷现在不再授信，那么对原始生产要素的需求将会减少，因此对生活资料的需求也会减少。情况就会是：生活资料出现在市场中，等待着人们的购买，但是人们用于购买物品的货币在信贷回收的过程中消失了，结果将是消费品价格下降。这里会出现的情况与经济危机中失业的劳动力所面对的情况非常相似。如果消费品的价格没有下降到适当的程度——可能是由于市场中偏于狭隘的连通性——那么在很大程度上它们将是“卖不出去的”*。[5] 然而，消费品的价格下降将引发缩减生产的趋势。[6]

现在经济处于一种特殊的境地。一定数量的消费品被生产出来，在当前价格下，市场对它们的需求只能吸收部分产出。其余的消费品原本可以用来支持迂回生产进程，但是现在它无法实现这一功能，因为能够使它这样周转起来的货币消失了。经济体中的消费品供应本来应该是扩大的自由资本供应，但经济体并没有将这些可用的消费品作为自由资本。**可以这么说，产就的可用消费品构成了潜在的资本供应**。购买这些消费品所需的货币一开始是在那里，但它从储备中消失了，或者被“摧毁”了

[4] 在消费者贷款的情况下也是如此。

* “unsellable”一词，从经销商的角度看是“不值得卖的”，从消费者的角度看是“商家根本卖不出去的”。——译者注

[5] 不值得卖的，基本上等同于商品所有者不接受低于现行价格而惜售。庸人经济学的成本导向思维无法理解这一显而易见的事实。

[6] 在这里出现了与我们所考虑并仔细分析的信贷扩张相反的情况，即信贷扩张导致消费品市场需求增加，从而刺激扩大生产的趋势。

(撤销信贷),因此这些完成的生活资料既不直接供应消费,也没有通过投资从而用于支持迂回生产方式中原始生产要素的使用。结果是,价格逐步下降,生产逐步萎缩。与利率相关的一种特殊情况也会发生:利率高于它应有的水平。例如,我们在这里看到的信贷不足是通过"创造补偿性信贷"来平衡的——我们仍然认为这是一件后患无穷的事——利率可能会低于实际由货币资本供给产生的高度。无论如何,货币资本的下降必然会加剧危机的影响。

在这里回顾一下我们之前所说的资本的一般功能。如果以实物形式作为维持生计基金的自由资本能够支持迂回生产方式,那么,一方面,它必须适于支持原始生产要素,但另一方面,在资本将被绑定的期间内,资本所有者必须能够使其可被调用。在货币经济中,货币资本承担着后者"桥接时间"(time-bridging)的功能。我们在这里看到的仅仅是,本可以履行货币资本职能的货币在经济流通中被消除了。因此,清算危机的过程中产生了一个全新的情形。在我们最初的考察中,危机只是生产结构的调整——使其适应于远小于现有生产结构所需的资本供应,而现在我们面对的事态发展导致了资本供应的缩小。也是在我们初次的考察中,通常能看到调整发生在消费品生产之前的生产过程领域中。现在,危机的影响也将体现在消费品生产上。由此危机的影响范围将大幅度扩大。情况可能是,经济危机进程中出现的所有外部症状(正如叙述经济学所详细描述的)并不是对极度有限的资本供应做单纯调整的结果,而是信贷体量缩减的结果。

现在有必要说明这种经济形势,尤其是资本市场的状况,将带来更广泛的破坏和干扰。在我们预先的判断中,首先会发生的事情与信贷量的减少密切相关,这是之前分析的基础。我们曾经说过,许多情况下,收回信贷的银行不会重新分配这笔信贷。那么如果一些经济主体获得一笔可作为资本的钱,情况又会如何呢?银行收回信贷的合理之处,首先在于希望改善自身负债与现金储备之间的关系。许多公司增加现金储备也可以用类似的方式来解释。除此之外,我们还将看到显现的增加流动性的意愿还有其他的意义。无论做了何种投资的资本所有者,面对自己所看见的或者正遭受的众多损失，会竭力从投资中撤资。这虽不适用于全体资本所有者，但会频繁发生——即使不在危机开始时发生，也会在危机过程中发生——部分原因是资本往往只能缓慢地从投资中撤出。就资本所有者囤积货币的行为而言，其影响将与先前描述的情况相同。然而，从投资中撤回的货币经常以另一种方式再投资：资本所有者将不再准备进行那些只能缓慢地释放资本或不容易释放资本的投资；在这一意义上，首选的投资将是在任何时候都能轻松可靠地撤回资本的“流动”投资。常规将是：货币将从资本市场流向货币市场。这种转变进展的结果将是我们在经验中获知的萧条晚期的特征：短期货币信贷的供应增加使这种资本投资的利率保持在低水平，而长期投资所需的资本是非常昂贵的，要么就是实际上无法获得的。〔7〕

随着这种发展，经济周期进入了一个新的阶段。在经济危机中，我们首先看到资本严重短缺。高利率反映了由于过长的迂回生产过程而产生的大量资本需求与资本供应不足之间的不平衡。然后我们看到资本缺乏(对于危机形势可以说是“自然而然的”)甚至会通过货币改革而加剧。由于出现信贷回笼、现金储备被维持在较高的程度，货币资本的缺乏将是结果。**在这种情况下，总体的经济状况会使经济主体改变他们的行为，以决定是否会将货币配置用于资本功能**。银行也不再如从前那样滥用授信。企业家(以及银行)寻求保持住增加的现金储备量，并且避免将回笼的资金像以往那样投入资本市场。这一运动的结果是，用于投资的货币资本的货币量减少，并且出现(相对“经济体量”而言)相对较大的现金储备供应。不断汲走担任资本功能的货币的过程最终会改变，从而货币投资方式也会发生转变。可以认为，在这一变化之前，经济会出现饱和的现金储

---

〔7〕 区分货币市场与资本市场的表述，本质上是没有意义的。在这两种情况下，货币都作为资本提供；也就是说，提供货币以谋求未来的回报。如果短期信贷投资于长期投资，而这笔钱又被要求退还，债务人就会破产，除非他有其他信贷来源。对上游生产阶段的短期投资是“经济上”(最好从全局经济视野看)的长期投资，因为这笔钱只有在消费品完成后才会变得“自由”。然而，在局部经济中，如果在这个上游生产阶段，可以用自己的产品作为交换，从经济中的其他地方，如从中间产品、耐久资本品的购买者那里获得货币资本，那么这笔钱可以是完全流动的。

备，银行仍然授予的信贷也有着充足的现金供应。此时，进一步增加自己的流动资产似乎不再合适，现金货币供应的流动性已经很充足，而且也不需要进一步扩大。当人们开始询问应该如何使用自由的货币资本时，在许多情况下，在萧条中会出现一种特定的投资态度：人们主要在为流动资产寻找短期（“流动的”）投资。在萧条晚期，市场中充斥着大量的流动资金供应，但只有少量资本用于长期投资。

在这里，我们必须更加详细地描述在这种情况下将起决定性作用的动机。自由资本的投资，即使为经济所需要，也绝不是源于经济中的物质供应而必然发生的。情形是，经济主体拥有货币（易货经济中的生活资料），既可以用于消费，也可以用于投资。选择依然存在于单个经济主体中，激励个人的动机决定了货币作为资本的供应程度。现在很明显，经济危机的现象将影响经济主体的动机，也就是说，无论在何处进行资本投资，它们都将会更加谨慎。每一项投资都意味着承担风险，在经济危机破坏之后，承担这种风险的愿望可能会更低。这适用于借贷资本的个人所有者以及各家银行。即使拥有大量现金储备和充足的流动性，银行也会在很大程度上避免承担风险。因此，就提供资本供应的可行条件而言，较大的资本供应尚不适合出现，此外实际的状况是经济的客观数据尚不能刺激投资。只要价格下跌——我们已经指出这种运动的原因——投资就很容易与损失挂钩。推迟投资可能意味着投资将以更低的成本进行。对产品价格下行的预判是阻碍投资的另一个原因。如果进一步发展的不确定性增加了损失的危险，资本所有者将无意向企业家提供货币；企业家又无意投入自己的货币，也无意背负信贷，还贷责任可能会随着价格的进一步下跌而变得难以承担。〔8〕

---

〔8〕 风险不仅在于价格下跌可能造成的损失，而且必须考虑其他因素。每项投资都会产生一定的流动性需求。这意味着投资者希望有可能获得现金，以防经济波动导致其计算所依据的假设发生任何变化。在许多情况下，现金的可用性意味着可以避免损失，通常仅仅是因为人们可以等待更好的时机。当然，这里描述的流动性需求因具体情况而异；在某些情况下，大胆的企业家也会在没有任何流动性储备的情况下运作。然而，在我们感兴趣的关系中，有一点需要注意：在萧条时期，对流动性储备的需求会更大，但是普遍放弃投资将限制每个企业家获得货币的可能性。这是进一步抑制投资的另一个因素。

这种情况必然导致货币市场(短期投资市场)出现过剩。特别是对于银行而言,将出现大量货币,其投资将被视为完全流动且随时可撤回的。从逻辑上讲,这通常被视为最安全、最方便的短期投资形式。然而,在投资这些短期资金后,银行将陷入困境,这种情况将压低这些投资的利率,并在某些情况下使其完全消失。如果银行看到其现金储备超出预期水平,这种情况将导致货币进一步退出流通领域。

那么,货币资本的短期贷款如何用于生产呢?只有能立即释放资本、生产时间较短的生产过程不断地扩大,扩大的资本供应才能在此产生影响。对于存在大量固定资本投资的经济体而言,这实际上意味着现有投资将在更大程度上用于当前生产,他们将获得更丰富的"运营资本";但另一方面,又将不能获得相应程度的用于投资的资金。即使从生产收入中获得的更新基金也往往不会用于再投资,而是寻求货币市场中的短期投资。

现在,我们对萧条过程的理论分析已经推进到了干扰逐渐停止的阶段。货币流动的影响已经停止。更多的信贷回收与额外囤积都不再发生。经济的资本供应变得更加充足,但短期投资是首选。随着充足的流动资本供应,生产仍在继续,但是投资,特别是再投资会遭遇极大紧缩。随着货币动荡的消除,价格下跌将停止。经济达到一定程度的稳定。〔9〕

因此,新的上行条件是存在的。很明显,最初的推力将来自何处:在"货币市场"上束缚资本、阻止其流入资本市场的"墙"必须拆除。我们已经提到有两种情形会决定资本市场萧条的特征:一是资本所有者避免长期投资,二是这些投资的收益率随着价格的下降而降低。当货币的破坏消失时,价格下跌停止,才是催生投资心理转变的先决条件,使其倾向于增加长期投资和新的投资;经济已经脱离衰退的信念必然会带来长期投资的意愿。这种意愿必须存在于资本所有者之中,他们不再要求投资具有完全流动性;这种意愿也必须存在于企业家之中,他们将背负信贷并将

〔9〕 当然,这里不是一个静态经济过程。经济不能以这种方式持久保持,因为它没有实现必要程度的再投资。就它们为固定投资生产资本品而言,先前的生产过程将因此得不到充分雇用。

其用于长期投资。一旦长期资本投资市场出现更多的供应,一旦企业家希望所投入的投资显得有吸引力,就有生产扩大的可能性。

对我们来说,重要的是,要详细研究什么将作为货币资本供应进入市场。这个疑问再次关乎货币中立问题。这里的情况显然对应于在危机开始之前出现的情况。如果在上行过程中货币资本的过度供给超过实际储蓄资本的供给,那么在转折点之后,货币资本因未达到潜在的实际资本的供给就成为那个破坏性的货币因素,正是它阻止了趋向均衡的调整。如果任何引发萧条的异常运动现在消失,那么我们再次面临的问题是随后的调整是否会导致均衡。

如果这些款项来自(新开始的或延续的)储蓄行为、代表了可用的生活资料,它们以货币资本的形式出现,那将是带来均衡的情形。在某种程度上,以前用于短期投资的货币到达长期资本投资市场,这个先决条件确实存在。然而经济体货币供应的条件将导致一种情况,即以不同的意义被储蓄的一笔笔钱都会到达资本市场。在经济萧条过程中,现金储备增加、信贷被收回,因此银行在现金流动性方面取得了明显更有利的地位。此外,在短期资本投资过程中,资本的利用程度仍然远远落后于经济发展的意图,而且可能导致现金储备更大规模的增加。经济中可以提供大量的可作为货币资本的货币储备。资本供应可以来自于此,然而无疑这只能起到额外信贷的作用。当然,我们在这里所说的所有货币都曾是真正储蓄下来的资本。只有有效释放的资本投资,才具备自由可用的货币形式,而且它作为资本的选择仍然是灵活开放的。一旦不将这笔钱用于投资(或用于消费),就会导致这笔钱从经济流通中退出:这笔钱没有用于购买与其对应的那部分消费品产出。这种需求的缺失会导致生产的改变。**如果这些曾经在储蓄中产生但后来被“去资本化”的货币,现在成为货币资本的一种供给,它们就会起到增加信贷的作用**。同样的事情自然适用于另一种情况,即以银行存款形式授予新信贷的情况。

结果是,在经济萧条之后的第一次上行运动中,货币扩张的破坏性因素接手了——**这种扩张是相对当前的生产进程所能创造的真实储蓄资本**

供应。这种运动不会给市场带来均衡，反而包含一个使其失衡的元素。

可以肯定的是，额外的大量货币的影响并不是经济上行过程中唯一的刺激力量。如果扩大生产，并且实现了有利的价格，那么不仅能够相应地形成可以用作资本的更新基金，而且也可以获得利润——如果它们被储蓄起来，则增加了资本。可以这么说，资本的自然增长本身就能导致经济的上行。如果情形仅限于此，那么这一运动不会导致危机；相反，这种运动不过是揭示了一个对应于更丰富的资本供应的调整。如果除了这种储蓄的资本之外，市场上出现的其他货币使得资本供应的增加超出了这个程度，那么利率将保持在与实际储蓄的资本供应相对应的利率水平之下。这必然导致迂回生产方式的过度扩张。

之前我们从银行的信贷扩张开始介绍了这一运动的结果。然而，仅用这种形式来表示额外信贷的来源未免过于狭隘。我们几乎可以肯定，银行会授予额外的信贷。这是因为他们能够在经济出现上行迹象的时候减少现金储备。但无论如何，来源于经济中的新钱将出现在资本市场上。这都是以前囤积的并用于增加现金储备的钱。如果到处都有充足的流动性资产，信贷也可以轻松获得，那人们将毫无理由以扩增现金的形式持有流动性储备。所有这些钱都不会直接进入资本市场；不会被所有者自己全部用于购买原始生产要素和资本品。在许多情况下，通过银行传递，它将作为银行授予更多信贷的基础。然而对于这里所讨论的问题而言，资本市场上的额外供应来自何处，以及非中性货币的最终来源是什么，都无关紧要。重要的是，货币资本的供应并非完全来自储蓄，因此利率将被遏制在低于真实储蓄能够提供的、使迂回生产过程调整到合适长度的水平。

因此，经济上行并不导致均衡，而是导致上行与下行之间的规律性变化。

3. 危机重现是否必要——贸易周期政策问题

如果回顾我们分析商业周期的过程，回顾商业周期的两个转折点之间每个时刻的运动，我们会发现这些运动的原因是，调整生产结构的驱动力不足，无法使迂回生产的长度适应真实资本的供应。在经济上行阶段，货币资本供应增加导致迂回生产过度扩张。如果这种运动无法继续维持，并且利率的上升迫使迂回生产缩短，那么导致的情形是货币从经济流通领域中撤出，生产进入下行状态。节省下来的资本并没有被用于生产，失去了实际商品供应的生产随之发生萎缩。只有之前从资本市场中退出的货币重新出现并履行资本功能，才能再次带来生产上行；但它的再现也阻止了运动趋向均衡。因此，这一运动会导致新的危机。

这种运动是否必要，或者是否有可能平复经济生活的波动？或许有些人认为，这个问题是现今经济秩序中最重要的问题之一，并驱使我们去详细研究那些影响经济周期重现的因素的特征。虽然我们反复提出资本供应的条件是周期性运动的决定性因素，但我们现在必须指出，在这些情况下，能够产生影响的不仅仅是经济需求，而且还有经济主体的行为变化。这关乎一个事实，是人们决定了什么能够进入市场成为资本，他们所拥有的要么可以提供给他人用作资本，要么是被自己用作资本。在易货经济中，只有实物才能用作资本。实际可用货物之外再无资本。如果实际货物没有被用作资本，它们将在“纯消费”中被用尽，无论是留到以后使用，还是任其坏掉。货币经济的情况则不同。资本以货币资本的形式出现。经济主体在经济交易过程中收到的货币，可以由其用于消费或用作资本。在这种情况下，不会发生“货币”中断。不过，货币也可以从流通中撤出。就这种可以预期的情况而言，在经济危机过程中，这种货币的撤出是一种脱离均衡、导致萧条的因素。如果这笔钱后来回归经济，那么这一运动就会再次打破均衡，导致新的危机。

在这种情况下，我们要问：经济政策的干预是否可以消除偏离均衡路径的偏差，并防止经济在上行与下行之间反复波动？从理论的可能性出发寻找的答案与从政策实施的实际可行性出发寻找的答案或许有所不同。从纯理论的观点来看，这个问题可以给出肯定的回答，只要该理论能够消除人们用货币作资本的行动变化带来的不确定性。只要信贷量的扩张或紧缩成为一种破坏性因素，央行就可以在任何时候启动相应的抵消作用——这里再次忽略其他银行。[10] 我们在此回忆一下以前使用的公式。如果央行是一个对经济现象具有完善知识的组织，那么在任何时候，它都可以通过相应的收紧或扩张货币流通来确保货币的完全中立。因此，它会切断由货币原因造成的任何一种导致失衡的趋势。这可能发生在经济上行或下行的每一个阶段。我们已经提到，央行的这种完美知识是永远无法实现的，并且央行无法在经济的任何地方找到一个可靠的指数来作为其政策的基础。只是，一定程度的粗暴干预一直是央行的典型做法：在繁荣时期，加息；因此，在经济上行中，开足马力进行的迂回生产被中断，所有将至的必然结果都灰飞烟灭。反之，在经济萧条时期，央行经常试图通过增加授信来刺激经济增长。对此，我们很快会有更多的讨论。在这两种情况下，正确的道路唯有引导经济更快地离开这两个转折点，引导经济走上当前情势下的必经之路。最好的情况是，真正的稳定政策或许应该在经济开始下行时启动，由央行的信贷来弥补信贷的紧缩，或者在经济上行的早期阶段就启动，由央行收紧货币的发行量来平衡信贷的扩张。[11] 这是理论上的规则。

然而，在实践中首先要问的是：经济会对央行的这种政策做出怎样的反应？这不仅仅是一个必然的经济关系问题。经济中信贷"自动"扩张或紧缩的影响，可以由央行采取相反措施加以抵消，这一点在一开始肯定是无可争议的。唯一值得怀疑的是，经济是否会以另一种方式做出反应。比如，在央行的这种政策下，人们会改变他们的行为，从而使央行的政策变得徒劳无功。

现在我们从周期的下行之初开始分析。这里给定的信贷短缺具有特

---

〔10〕 当然，忽视其他银行的行为是一个可以质疑的假设，因为经济状况可能会导致央行的政策至少暂时地被经济中其他信贷源头的行为所影响。

〔11〕 稳定政策最好在经济到达转折点后直接启动，具体解释如下：在转折点之后，偏离之前的发展方向而走向均衡是必然的。经济就走这条道路。然而，从一开始，导致不平衡的元素已经生效。无论如何，在这一运动开始时，经济走向均衡的总体趋势最强，因此在这里最有可能消除破坏性因素。

定的社会经济功能：它应该迫使企业家清算过度延长的迂回生产方式。这好比是一种疗愈的力量。如果央行通过授予额外信贷来消除这种信贷短缺效应，那么这显然会导致危机延长。央行的这项政策只意味着迂回的生产方式仍在继续，而这种生产方式从长远来看是无法维持的。它或许能够削弱危机的货币效应，但从长远来看，它必然加剧危机。因为它引导经济继续进行过长的迂回生产方式，而不是摒弃过长的方式，走上向均衡方向调整的必要路径；在继续迂回生产方式的道路上，除非事先发生更加痛苦的转变，否则终将导致生产性投资的完全清算和自由资本的完全匮乏。然而，我们说在危机发展期间，货币资本从资本周转的循环流中抽离也发生在经济体内，因为它正在努力增加流动性和更有利的现金储备余额。这里似乎可以想象没有贻害的补偿。只不过必须明确的是，这种补偿是不可能的，因为经济不准备将额外信贷用于投资目的。经济将首先通过这种信贷确保其流动性的增加。并且，在周期即将进入下行的转折阶段，用于投资目的的信贷将无人问津。随着信贷供应的增加，央行将遭遇经济对其信贷供应的抗拒。我们已经给出了两个理由。一方面，将货币投入持久投资的心理条件不复存在。经济会出现普遍动荡。另一方面，价格关系和价格发展的总体趋势将阻碍投资活动。不过，拒绝信贷不会是普遍性的。即使在周期下行的转折阶段，对信贷的需求也非常大，这些对信贷有需求的人面临着资本缺乏，或被迫清算，或进行紧急销售，或者停止生产；任何信贷的需求都意味着至少暂时避免损失，甚至可能意味着后期改进的可能性。然而，满足这种需求意味着推迟危机的清算，这也就延长和加剧了危机。因为这种情形的本质是，对信贷需求巨大者是希望繁荣继续者，也就是说，与“不健康”的信贷需求并存的是大幅度减少的对新且健全的投资的需求。

可以说，这些解释是高度概括性的。但它们足够表明，在周期的衰退阶段，信贷补偿性扩张的可能性实际上是很小的，也没有可能利用扩张的信贷注资生产并使之永远进行下去；相反，额外信贷延长危机和加深危机的危险非常大。如果萧条已经非常严重，而且货币市场的流动性在萧条的第二阶段也更大,那么清算过程基本上就完成了。因此,在刚才提到的意义上,额外信贷带来破坏性影响的危险已不复存在。然而经验表明,这个阶段对信贷的抗拒尤其强烈。

现在也可以设想一种周期政策,它将通过扩大消费试图避免由消费品需求的缺失而产生"去资本化"的影响。在这里,额外的货币将起作用,替代从流通中撤出的货币,替其索求消费品并用于纯粹消费。因此,商品的流动就如同从流通中抽离的货币已经服务了消费一样。我们已经指出,从投资中提取货币并将其用于消费等同于消耗资本。额外的货币可以毫不费力地助力消费,而这笔钱流入消费的途径无关紧要。[12] 此外,某些对价格之间关系的影响也必然会出现,成本价格得到支撑,因为这项政策削弱了需求收紧必然带来的压力。因此,由刺激消费的货币政策促成的价格关系,最终一定会使新投资机会的改善举步维艰。关于这一切,最后还要说明的是,刺激消费除了带来不利的价格关系之外,也无法消除人们在心理上回避投资的决定性障碍。"人为"创造的消费品需求最终也会增加对"运营资本"(短期投资)的需求,从而使这些投资日益有利可图。这也必然削弱那些能够清除短期投资与长期资本市场之间障碍的力量。总之,足以确定何种信用程度才能使经济如此运作的准则并不存在。

那么,在经济上行阶段掺入央行的干预会怎样呢?央行难道不能补偿来自经济储备的额外资本供应的影响吗?在现实中,为了阻止或削弱经济上行趋势而收紧信贷将是很不受欢迎的举措,尤其是在经济上行之

---

〔12〕 通过消耗资本以支持消费,通常也以危机时期紧急措施的名义被推崇。尽管这样可以直接资助生产,但是这个措施的目的仅是创造无法释放投资资本的价值。如果融入正常经济过程中的生产得到融资,那它就会产生一种产品——正如我们已经解释的那样——从其销售中可以进一步为这种生产融资。相比之下,如果建造一条街道,那么建造街道使用的生产资料也同样自然地存在经济价值,只不过它们不是一个可以为进一步的生产提供资金的可销售的产品。关于这种开支何时仅从经济角度来看是合理的,这里不再赘述。只有一件事要说:如果街坊邻居(以及其他利益相关方)在建成街道后获得更大的回报并储蓄这一回报;也就是说,将它用于新投资,然后在这种情况下,投资于街道的资本可以通过迂回得以释放。然而,如果这种增加的回报被消耗掉,那么从经济角度来看,这就是冻结自由资本的情况。当然,在这两种情况下,都会出现利益相关方致富,而牺牲为街道提供资金者(或者在通货膨胀造新钱的情况下:牺牲所有的货币所有者)。通过将成本与有关各方可能的盈余回报进行比较的公式,可以对街道的盈利能力进行纯粹的经济计算,而在这个公式中自然会包含利率。

初。央行的管理层可能很难为这一步骤辩护。即便如此,人们必须首先考虑这种政策的效果。在此我们须提及:补偿信贷收紧的政策在经济上行开始时已经成为一个问题。经济中有大量现金储备,这些现金储备逐渐以资本供应的形式出现。经济体的信用体系能够完全独立于央行扩张。最后,在经济上行过程中出现了第一批成功的生产,从而创造了新的更新资本,也许还有新的实际储蓄资本。央行将置身何处?即使央行开始收紧信贷,经济也会求之若渴,而且将会出现独立于央行的可行信贷方案。央行的收紧政策难道不会导致额外信贷的创造速度以其他方式增加吗?一旦经济运行是由超过实际储蓄资本的资本供应程度影响所决定,一旦启动"过长"的迂回生产方法导致经济走向经济危机,那么唯一可选的途径就是穿越经济危机。对于危机政策唯一确定的可能就是:只要央行能够收紧信贷和提高利率,它就能随时迫使经济从上行转为经济危机。因此,这个转折点比原本的情况提早到来了,早于我们在别处提到的致使央行停止信贷扩张出现的时间点。提早的强制转向将以牺牲经济上行的持续时间和成功为代价,也许人们可以希望危机的严重性因此得到改善。

危机政策是否应该以此为目标,这无疑与稳定周期是否可取同样成问题。对危机政策的呼吁通常是在经济下行期间刺激生产的呼吁。然而在这里,危机政策可能导致有关经济政策的更一般化的问题。无论它是否能从任何其他角度获得支持,从改善危机的结果和为新的经济上行做准备的角度来看,阻止经济规模调整或者损害经济成功的一切都只能得到负面的评判。

4. 如何解释商业周期

经济法则的构思只能建立在采用的常量数据之上。一旦给定数据,经济中出现的情况也就是精确可知的。这个原则必然是所有经济理论形成的基础。当我们分析信贷扩张对生产结构必然会产生的影响时,就应用了这一原则。因此我们得出结论,由信贷扩张公式描述的经济数据的最终结果必然是自由资本的完全固化。然后我们试图解释事态的发展不会走到这一步,而更多的时候是信贷扩张提前停止。因此,我们在论证中引入了一个新的数据——实际中有两种数据会发生变化:货币的去资本化和信贷拒绝。最后,我们可以确定地认为,去资本化变成了避免或减少长期投资的趋势。我们研究了这一系列数据对经济结构的影响,从而看到经济在商业周期中进入了转折低点。我们在这一点引入了一个新的数据——新出现的扩大投资的举措,带来了来自经济储备以及额外信贷的、正在增长的货币资本供应。

我们的论证始终以生产结构分析为目标。以上数据对资本市场的影响是我们做进一步论证的起点。

对我们所采用的方法的这种分析,应该能够清楚地表明如何解释商业周期。将资本供应推向市场者改变了其行为——这适用于一个经济体中最终信贷来源的央行,以及其他银行和私人资本所有者。同样,进行投资的企业家也改变了他们的行为。有了这个论证的基础,我们已经超越在一个经济形势下单独分析运动的框架。在这方面还有两件事要提及:第一,有必要给出这一举措的理由。第二,有必要表明此举措不会使得任何无关的元素被掺揉进来。

关于第一点的事实是,信贷量在经济上行时增长,在经济萧条时下降。毫无疑问,贸易周期的货币理论在将这些情况包含在其解释中是正确的。然而,扩张或紧缩信贷量永远不会来自经济法则,而只能来自人类行为的变化。因此,对商业周期的解释必须超越仅应用经济理论手段进行分析的这一界限。

关于第二点,人们可以尝试通过考虑外部环境来解释人类行为的变化。正如天气的规律变化对收获的影响可以解释为周期性运动("太阳黑子理论"在方法论上是可能的,虽然它可能事实上并不正确),因此也可能存在人类行为定期变化的非直接原因。然而在我们的诠释中,我们已经在人类行为的变化与周期过程的发生之间寻找到了更紧密的联系。两者之间的联系不难看出。**特定的经济形势**导致人们以特定的方式改变他们的行为。因此,经济危机导致去资本化和信贷拒绝。我们面对的是根据特定情况的人的行为的调整;这种调整当然不具有经济必要性,因为经济理论可以认为它是精确确定的。无论人们是否准备储蓄,这都是经济过程的数据,经济理论必须将其作为解释的起点。这样的事实永远不会成为解释的目标。特别是,无论是将货币留在资本的功能中,还是把新引入的货币用作资本——这两种我们在考虑商业周期时遇到的——都是由人的意志决定的。但是在这方面,人类极有可能在一个周期的过程中改变他们的行为。〔13〕如果商业周期的解释希望忽略这一事实,那它将忽略一些无疑会在最大限度上影响事件过程的事物。我们也不相信会有另一种方式能够解决周期理论面对的问题,并且尊重了这些事实:经济上行创造了导致下行的条件,正如这些条件反过来导致新的经济上行。

---

〔13〕为了将它们与完全在经济之外的因素引起的数据变化区分开来,我谈到了"经济上确定的数据变化"。关于这一点,请参阅我在文献第八条关于方法(第 124 页)中提到的文章。

附录二 关于资本概念的附言

为了正确地形成概念，我们绝不能忽视这样一种要求：法则科学(nomological science)的概念只能对使用这些概念的陈述有意义，也就是说，对形成法则的陈述有意义。人们很容易在此退让，将明显的相似笼统地纳入一个概念。但每当这个概念被应用时，就会露出破绽，于科学无益。特别是关于资本的概念，它在具体问题领域的定位如此显而易见，然而，关于资本概念的辩论持续如此之久已经令人惊诧，不值称道。

资本问题从迂回生产中产生。一旦人们认识到，引入迂回生产方式的先决条件是预留维持生计基金，并且维持生计基金的生产力限制了延长迂回生产过程的可能性，那么其他一切都顺理成章。然而，如果人们的观点都太过关注表面现象——耐久资本品的充足供应和广泛的同步化生产，那么人们将被这两个事实所迷惑，并且会完全误解迂回生产方式的问题。

由于固定资本设备的充足供应，特别是它们可以大大地缩短生产时间，人们很容易忽视对资本形式生产至关重要的“时间的牺牲”。我们已经表明，固定资本投资需要自由资本来形成更新基金，且要作为补足财货,因此固定资本投资总是与自由资本的问题有关。将资本问题狭隘地聚焦在看得见的资本品上,才会产生资本过剩谬论,才会形成经济体“物质过于丰富”的观点,认为生产了太多的东西,卖都卖不掉。这些观点只能通过构建一个正确的资本理论来抵制——这个理论认识到迂回生产方式的问题并且将其放在理论构建的起点。一种错误的资本理论,将现有的资本投资视为经济体的物质财富,这是庸人经济学以及在许多情况下经济政策陷入对现有企业,特别是大企业搞拜物教的最终原因。拥有资本设备本身永远不能代表财富;资本设备只有被纳入生产结构才能成为财富。然而,如果忽略了这一点,有人试图固守工厂设备的价值,即使它的运作没有经济价值,那么人们从一开始也就在遭受损失,无论追加多少投资都无济于事。资本品终归是受造物,受制于必朽法则(the law of perishing)。如果不受阻碍地发展,不断变化的经济进程将始终创造新的资本品进行投资。如果现有的投资由于无法适用或者不再适用于经济而必须割舍,那么由此产生的损失也小于为了维持注定衰败的东西而牺牲的新形成的自由资本。另一方面,对于现今人们泛滥的对机器的敌意,包含谬误的资本理论也难辞其咎。人们认为,机器替代了他们的工作,使他们颗粒无收,而不认为机器是人类创造的、能使人们更好且充分地利用人类劳动的东西。人们忽视了机器的使用最终仅仅意味着人类劳动可以用在别处,用于延长的迂回生产方式。如果在生产过程中“正确地”整合了机器的使用,特别是如果存在自由资本这一重要的补足财货,并且可以从产品中创建相应的更新基金,那么机器不仅不会导致失业,反而会带来提高的工资和更富足的给养。

同样危险并且会误导人们的是,在物质资本品意义上坚持客观主义的资本概念,认为生产的同步消除了迂回生产方式的问题。如果生活资料每天产出,那么在上游生产阶段工作的人不再需要等到其产品成为消费品,因为他们可以随时用其产品去交换成品消费品。生产更多的消费品、更多的生产要素似乎不再是一个难题。早些时候,我们遇到了产品的构成性质问题,我们现在看到同样的问题在消费品生产中是如何提出的。

消费品需求的结构足以决定产出的消费品的"正确"构成。然而，资本品和消费品之间的生产相互调整是不受干扰的经济进程的先决条件，忽略这个条件而直接提出某种消费品和资本品的生产问题是错误的。这种调整是必要的，不仅仅是因此可以创造足够的生活资料去支持上游生产阶段。除此之外，生产要素的产出数量和种类也都必须是适当的，才能确保生活资料的规律供应。我们现在面临的问题是迂回生产过程的长度，即使是在最广泛程度的同步化生产也无法避免这个问题。"正确"的生产结构——资本品的供应在距离消费端或远或近的各个生产阶段的分布——取决于完成生产所需的时间长度。事实是，迂回生产的发生需要时间，这个时间因此是"经济上相关"的，无法从任何同步化生产中消除。如果一个人认为由于实现了同步化生产，就可以忽略迂回生产方式的长度问题和维持生计基金的供给问题，那就必然会忽视由这些问题引起的一切事情。特别是，人们将无法认识到选择过于冗长的迂回生产方式而产生的后果。

然而，这里仍有待说明的事情。如果人们将资本仅仅理解为资本品，那么某种本质是资本品，也只能履行资本品职能的东西就会被当作资本。由此，人们会忽略一个重要的事实，也就是不能觉察"资本供应"是一个有问题的概念，这反过来会导致进一步的问题。如果从维持生计基金意义上的自由资本开始，那么生活资料就不会因其物质特性而成为资本，而只是因为它被所有者用作资本。货币资本也是如此。拥有的货币本身并不是资本，但通过其所有者的特定用途，它就变成了货币资本。因此，资本的供给总是取决于纯经济推理之外的因素。在对商业周期的分析中，我们已经尝试说明这一事实的巨大意义。

在超越了资本品的领域定义资本，其必要性也源于我们从此可以定义货币资本这一有用的概念。如果人们将货币资本用来指代用于资本品周转的货币，那么首先这将与术语学的要求相矛盾：有充分的理由说明，实践中需要更广泛的货币资本概念，从业者也了解营运资本、工资资本。仅仅这一点还不是决定性的原因。更重要的是，在货币经济中，货币资本概念的构造必然要指向迂回生产方式的长度问题。前面我们已经阐明，只有将货币资本视为生活资料的代表，才能满足这一要求。只有从这个视角去看，货币资本才能成为有别于实际储蓄资本的“独立因素”，才能甄别出在货币资本作用下产生的运动。

我们着手描述生产结构中存在的经济必要性。我们所使用的资本概念必然来自迂回生产方式的问题。

文　献

1. 通类

以下参考书目仅限于我提出的最重要的著作。在本书的所有部分中，都可以看到对奥地利学派的作品以及受该学派影响或风格接近的外语作品的依赖。除了欧根·庞巴维克之外，威廉·斯坦利·杰文斯和克努特·维克塞尔都确定了我的研究的总体方向。1932 年 9 月，我在维也纳国家经济学会的一次演讲中介绍了这项工作的一些基本概念，然后以题为"雇佣劳动与资本"(Lohnfonds und Geldkapital)的文章在经济学杂志(*Zeitschrift für Nationalökonomie*，1934，vol. 5)上发表。还可以找到一些额外的参考书目。我还有机会与来自维也纳学派圈子的朋友讨论这里的大部分内容。我必须感谢他们提出了许多有价值的建议。即使我并没有得到他们的完全同意，这些讨论也有助于我的表述更加谨慎和精确。

2. 生产和资本

在这里，首先必须考虑：Jevons，Böhm-Bawerk，Wicksell，J. B. Clark，Frank W. Taussig，G. Akerman，Irving Fisher，Joseph Schumpeter and Keynes. Hans Mayer's article "Production" in the *Handwörterbuch der Staatswissenschaften*，4th ed.；Georg Halm "Das

Zinsproblem am Geld und Kapitalmarkt" (*Jahrbücher für Nationalökonomie und Statistik*, 1926); Adolf Lampe, *Zur Theorie des Sparprozesses und der Kreditschöpfung*, 1926; R. van Genechten, "über das Verhältnis zwischen der Produktivität des Kapitals, den Löhnen und Zinsen," *Zeitschrift für Nationalökonomie*, 1931, vol. 2. 关于庞巴维克的资本理论,这里值得一提的是:我认为从迂回生产过程理论开始,需要在资本概念和工资基金之间建立更紧密的联系。因此,这里也许有可能忽略了其"三个理由"关于为何同意对庞巴维克的批判,即认为这些理论在方法论上是不正确的,因为它们不能纳入静态的经济学过程。(无论是评估当前需求还是未来需求的人,都不会在现在和将来争取均衡供应。)

3. 工资基金和工资理论

关于工资基金理论的文献只能泛泛提及。标 2 的作者将资本理论与工资基金理论或多或少地联系起来。John R. Hicks, *The Theory of Wages*, 1933. My *Angewandte Lohntheorie*, 1926,缺乏资本理论的基础。

4. 价格体系

文中的讨论直接出发点来自奥地利学派奠基人的描述。关于一些近期诸公式及问题,可参考的几篇文章发表于:*Die Wirtschaftstheorie der Gegenwart*, 2 vols., 1932.

5. "收益法则"(稀缺生产要素合作原则)

阿尔弗雷德·马歇尔至今仍是最好的基础。有关最新文献的非常有益的讨论,请参阅:Oskar Morgenstern, "Offene Probleme der Kosten und Ertragstheorie," *Zeitschrift für Nationalökonomie*, 1931, vol. 2; Carter, *Distribution of Wealth*; Frank Knight, *Risk, Uncertainty, and Profit*; Lionel Robbins, "Certain Aspects of a Theory of Costs," *Economic Journal*, 1934, vol. 44.

6. 货币和信贷

我已经避免更详细地讨论货币理论的一般问题。该理论应该主要命名为维克塞尔和路德维希·冯·米塞斯,以及继承他们的那些作者。尽管有许多保留意见，这一著作仍然很重要：Albert Hahn, *Volkswirschaftliche Theorie des Bankkredits*,(3rd ed., 1930).（关于这一点，参见：Gottfried Haberler, *Archiv für Sozial wissenschaft und Sozialpolitik*, 1927, vol. 57；同样，Robertson, *Archiv für Sozial wissenschaft und Sozialpolitik*, 1929, vol. 62.）文中描述的交换功能和信用功能之间的区别来自：Komorzynski, *Die Nationalökonomische Lehre vom Kredit*, 2nd ed., 1909; Fritz Machlup, *Börsenkredit*, *Industriekredit und Kapitalbildung*, 1931; J. G. Koopmans in *Beiträge zur Geldtheorie*, F. A. Hayek, ed., 1933.

7. 经济周期理论

在关于这一主题的大量文献中，决定性的工作是以信用理论为开端的作品。因此，最重要的是维克塞尔和米塞斯，然后是标为 2 的几位作者和斯波特霍夫(Spiethoff)［这里忽略了早期的那些学者，如哈耶克在其《价格和生产》中(1931)提及的几位］。与我的文章("Die Produktion unter dem Einflüsse einer Kreditexpansion," Beiträge zur Konjunkturtheorie, *Schriften des Vereins für Sozialpolitik*, 1928, vol. 173)相比，我试图根据详细的资本理论对公式进行一些修改。Alfred Amonn, "Zur gegenwärtigen Krisenlage und inflationistischen Krisenbekämpfungspolitik," *Zeitschrift für Nationalökonomie*, 1934, vol. 5.

8. 关于方法

以静态系统出发，作为理论分析的起点可能是目前常见的做法。这种方法对我们来说具有特殊的意义，因为我们正在分析的过程是由经济规模在一段时间内的安排决定的。如果有人问道：在哪个条件下可以保持一个过程，其中程度的大小随时间的变化保持不变时，才能识别出遵循单一构造原理？只有在考虑了静态的经济过程之后，我们才能论述这个过程中的"中断"。See Lionel Robbins, *An Essay on the Nature and Significance of Economic Science*, 1932; Mises, *Grundprobleme der Nationalökonomie*, 1933; O. Morgenstern, *Die Grenzen der Wirschaftspolitik*, 1934. 方法论导向（这解释了为什么周期理论不视为"最后一章”——庞巴维克所述中的常被引用的公式,而是应该作为经济系统的附录)在我的文章中会有更详细的阐述,See “Die Änderungen in den Daten der Wirtschaft,” *Jahrbücher für Nationalökonomie und Statistik*, vol. 128 (Series 3, 1928, vol. 73). Compare also my work: *Die ökonomischen Kategorien und die Organisation der Wirtschaft*, 1923.

中译术语

subsistence fund

维持生计基金

又译为“维持基金”“维持资金”。“基金”而非“资金”，在于强调其消耗与补充必须循环不息。特意强调“生计”，是让人铭记：迂回生产方式的过度扩张带来自由资本完全固化，将直接威胁人的生计。出发点与最终落脚点不在于生产结构能否维持，而在于人的生计能否维持。若强制维持的是特定生产结构，结果必然是饿死一部分人、计划掉一部分生育。

momentary production

即获生产

指仅靠原始生产要素进行的生产。它不存在将原始生产要素转换到产就的生产要素这种迂回，是区分于即时生产(just-in-time production)的生产管理方。

capitalist production

资本形式生产

指利用资本的生产，区分于 capitalism production，后者特指资本主义的社会组织形式下的生产。

static economy

静态经济

施特里格尔在《资本与生产》中强调的均衡是捆绑与释放通量上的均衡，捆绑恰好满足释放、释放恰好满足捆绑，均匀轮转、生生不息，静态稳定。这种静态均衡要求货币中性。施特里格尔进而分析出非中性货币、货币非中性干预、央行额外信贷、央行操控利率对价格体系的破坏，以及由此带来的生产结构的扭曲。可见，静态均衡、货币中性在这里仅是用于经济分析的智力工具。

economic necessity

经济必要性

如果一个因素具有经济必要性，它必须是被经济研究方法框架覆盖的、符合演绎的前提或条件。

economic successor

经济继承者

生产结果是其上游生产过程投入的各种资本的"经济继承者"。

Rations

配额

维持劳动力再生产的生活资料可供分配的合理定额。

material goods

物质财货

相对货币财货而言，实际可用的生活资料。

stratification

分层级

劳动者因为各自的社会压力不同,面对对劳力的需求,其劳动供给有不同程度的区别。在生产要素供给中,我们总能从身边举出一些反例,画出下降的供给曲线。例如,共克时艰什么的。问题出在生产要素的差异化供给。耕地有肥沃有贫瘠,劳动力有家庭负担轻重之分,大自然造就的土地、社会造就的劳动力在细节上都是异质的。在形态上,重要的自然力量倾向于将个体土地的供给纳入不同的层级,重要的社会力量也倾向于将个体劳动力的供给纳入不同的层级,以便形成上扬的供给曲线。我们可以把满足静态分析的这个“度”称为分层异质。

induced supply

引致供应

生产要素供应是一种由产品供需所引致的(派生的)供应。阿尔弗雷德·马歇尔在其《经济学原理》一书中首次提出引致需求(derived demand)这一经济概念,它是指对生产要素的需求,意味着它是由对该要素参与生产的产品的需求所派生出来的,又称“派生需求”。

neutrality of money

货币中性

与主流经济学的定义不同,它是指“货币资产”完全对应于“实际的储蓄”,经济中没有任何额外的信贷发生。它不说明额外货币本身对生产结构的影响问题。

维持生计基金是经济增长的核心

现代经济以复杂生产结构为特征。这种结构似乎产生了无穷数目和品种的商品。生产结构就好像具备着一种自生机制。然而,谨慎的考察表明,如果缺少一种关键因素,就不可能出现这整个基础构造。让这一切成为可能的因素,就是维持生计基金。下面这个简化示例,将使我们能够确定这种基金的实质。

维持生计基金的基本原理

为了维持生命和福祉,人必须有足够数量的最终消费财货可资其支配。然而,这些财货并非近在眼前、唾手可得——它们必须取之于自然。没有可供使用的工具,人从自然中获得的生存必需物品是微不足道的。

例如,以个人约翰为例,他被困于一处原始森林里。为了活下去,他只能从苹果树上采撷一些果实。苹果是他唯一能获取的维持生命之物。若我们假设他每天工作 20 个小时,设法弄到了 20 个果实来充饥。约翰从自然当中获得的这 20 个果实就是他的维持生计基金,这一份财货支撑着他生存下去。

作为一个经验老到者,约翰意识到自己如拥有一件特殊工具,就会变得更有效率。他每天的苹果产量可以是 40 个(也就是现有产量的两倍)。然而,问题是这件工具没在手边——必须把它给造出来。制作这种特殊工具需要花两天时间工作。约翰一旦决定制造这件工具,就会遇到一个困难——由于把时间花在制造工具上,他就无法同时摘得充饥所需的果实。

约翰摆脱这种困境的唯一办法,就是在接下来的 40 天里,每天留出一个苹果。从他的日常生产中节约(储蓄)一个果实,并咬牙忍受饥饿 40 天后,他将有足够的苹果库存。这些库存在他忙着制作工具时,可以维持他的生命。(这里为了说明储蓄的重要性,做了一个不切实际的假设,认为苹果能够以可食用状态保存 40 天之久。)因此,40 天后,约翰的维持生计基金将由 40 个苹果组成,在制作专用竿子的这段时间,这些苹果将助他渡过难关。我们由此可以看出,节约的(或未消费的)40 个果实使得工具有可能被制作出来,这根竿子提高了果实产量,也提高了约翰的生活水平。

现在,让我们稍微修改一下先前的例子,引入一名专门制作这些工具的个人罗勃。罗勃是工具制造专家,故只花了一天时间,就做出了约翰需要的特殊工具。罗勃每天也必须吃 20 个苹果才能维持生命。注意,约翰现在只需要储蓄 20 个而不是 40 个苹果,就能够雇到罗勃的服务为己所用。

注意,约翰省下的 20 个果实维持了工具制造者罗勃的生命,而约翰是靠当前每天生产的苹果,也就是 20 个果实来维持生命的。

再请注意,制作这件工具要有所失——约翰必须做出牺牲,省下 20 个果实,这会有损他的健康和福祉。然而,20 天后,他就可以用上这件工具,这将让他的苹果产量翻一倍。约翰如果今后还是每天吃 20 个苹果,他的维持生计基金也就增加了。

这样一来,第一天,他的维持生计基金是 40 个苹果,其中 20 个分配给(当天的)消费,20个储蓄起来。第二天,他的基金就将包括20个保存下来的苹果+40个当天生产的苹果(也就是说,他的基金是60个苹果,其中20个被吃掉了,40个被节省了下来)。第三天,他的基金将是80个苹果(也就是说,每日生产的40个,节省下来的40个)。约翰吃掉20个,省下60个,以此类推。随着维持生计基金的扩大,他就可以雇用其他人的服务来维持和改进其生产结构,从而进一步提高苹果(或换成其他什么财货)的产量。

维持生计基金的状况决定了各种工具的质量和数量*。该基金如果只够支撑一天的工作,那也就无法让一样需要两天工作量的工具制作出来。基金规模为可执行的项目设定了限制。这也意味着,该基金的规模决定了所谓的经济增长(随着基金的增加,苹果的产量也会增加)。

对此,里夏德·冯·施特里格尔写道:

> "我们假设某国的生产必须彻底重建。除了赤手空拳的劳动力以外,人们唯一可用的生产要素是大自然提供的。现在,如果要按迂回方式进行生产,假设其耗时为期一年,那么不言而喻,除了这些原始生产要素之外,迂回生产启动的前提是:有个维持生计基金能撑上一年以确保人们的营养和任何其他需要……该基金越大,迂回生产要素就能被延伸得越长,产出就会越大。
>
> 显然,在这些条件下,迂回生产方式的'恰当'长度,取决于维持生计基金的规模或该基金够撑多久。"(《资本与生产》)

我们为个人约翰设定的维持生计基金,实质上可以扩大到包括许许多多相互交易的个人。生产苹果的约翰现在能从他人那里获取肉类果腹、换得衣物蔽体。这意味着维持生计基金这时包括了更多种可供人类消费的最终产品。庞巴维克说:

> "经济共同体的全部财富作为一种维持生计基金或垫付基金,在共同体通常的生产期间,社会靠这一基金维持生存。"(《资

* 即基础构造。——译者注

本实证论》)

请再次注意,基础构造的改善是推动经济增长的动力;反之,也只能由维持生计基金的增加带来基础构造的改善。因此,任何削弱维持生计基金的做法都会破坏经济增长的前景。

维持生计基金与货币

引入货币并没有改变维持生计基金的本质。用产品换了钱的生产者,如今可以拿他们的货币交换各种消费财货(也就是说,他们只要认为有必要就可以对维持生计基金行使索求权)。请注意,当一个人把他的钱换得商品时,我们这里所拥有的一切,只是一种交换行为,而不是支付行为——货币只是交换的媒介。

关于中间产品

如果维持生计基金由最终消费财货组成,一名中间产品的生产者(例如一名工具和机械的生产者)如何替该基金做出贡献呢?

一旦有人把他的钱换成工具,就会把工具用于最终消费财货的生产,或用于中间产品的生产,而这些中间产品又在未来某个时候对最终消费财货的生产做出贡献。这件特殊工具的生产者,或者任何一款中间产品的生产者,不直接供应最终消费财货。然而,他确实提供了一种确保取得这些财货的手段。此外,他还提供了时间。

据罗斯巴德所言:

> “没有斧头的鲁滨孙,距离他想要的房子还差 250 个小时;有了斧头,距离就缩短到了 200 个小时。假如在他到达时,木材原料就矗立好了,那他距离自己的目标就更近了;如果房子一开始就在那里,他就会立即达成所愿,无须更进一步节制消费,他会朝着目标更进一步。”(《人、经济与国家》)

此外，随着更先进工具和机械的引进，各种新的消费财货得以生产出来，而在制造这些新工具之前，个人根本无法获得这些消费财货。显然，如果所获得的工具和设备被证明是无用的，那么工具和设备购买者的储蓄就被白白浪费掉了。

如果是这样，节省下来转移给工具和设备生产商的最终消费财货就完全让他们给消耗掉了，而这些生产商对维持生计基金没有丝毫贡献。也就是说，生产无用的工具和设备削弱了维持生计基金。

货币扩张与维持生计基金

当货币“无”中生有时，就会导致维持生计基金的削弱。这是什么原因呢？

可以说，新造货币是凭空产生的。新造货币持有者可以使用这笔钱，从维持生计基金中提取最终消费财货，而不需要预先向该基金做出什么贡献。因此，这种消费行为或非生产性消费给基金带来了压力(消费是非生产性的，因为个人在没有缴纳维持生计基金的情况下消费了财货)。

从这一点我们就可以推断，当钱“无”中生有时，就将维持生计的手段从那些对维持生计基金有贡献的财富创造者转移到了那些新钱持有者手中。对于给定的维持生计基金而言，这就意味着财富生产者会发现，由于基金所余下的财货减少了，他们的货币购买力也下降了。

随着“凭空”生产货币的步伐加快，维持生计基金所承受的压力也变得越来越大。接下来，就维护和改进基础构造而言，各种项目的实施变得越来越困难。因此，各种最终消费财货的生产流减弱，这反过来又让预先供应储蓄的难度大增。

这紧接着又进一步削弱了基础构造，从而让最终消费财货的生产流更趋微弱。请注意，基础构造在得不到维护的情况下，其生产最终消费财货的能力也会大打折扣。

要维护基础构造，就需要将储蓄分配给基础构造的维护者个人。在我们关于工具的例子中，如果约翰再也不向他的库存中添加更多工具，到了某个时候，原先的那件工具就会坏掉，苹果的产量就会减半。为了在他的库存中拥有更多工具，约翰必须为此分配储蓄。

由此，我们可以得出这样的结论：与流行的思维方式相反，货币增长不能导致经济活动的普遍扩张；恰恰相反才对。货币扩张将维持生计的手段从创造财富的活动转向非创造财富的活动，这只会抑制经济的增长。

旨在促进经济增长的宽松货币和财政政策，实际上却适得其反。只要维持生计基金的增长率为正，就可以继续维持生产性和非生产性活动。一旦宽松货币和财政政策导致了一种生产结构出现，这种结构捆绑的消费财货在数量上远远多于其释放的，就会出现大麻烦(最终消费财货的消费超过了这些财货的生产)。

这种相对于消费财货生产的过度消费导致了维持生计基金的减损。这又让生产结构各阶段的被雇佣者难以维持个人生计，经济从而陷入了萎靡不振。

一旦一个经济体因为维持生计基金的减损而陷入衰退，那么任何政府或中央银行设法重振经济的努力都会归于失败。这些努力非但不能让经济复苏，而且会进一步耗尽维持生计基金，从而延长经济衰退的时间段。

持续萎缩的维持生计基金，暴露了"宽松货币政策和财政政策能促进经济增长"这种流行观点本质上的错误。

每当中央政府试图"发展经济"时，理解这种政策的无效性始终是要紧的。这些政策之所以表面上"奏效"，唯一的原因是维持生计基金仍在扩大。*

对此，米塞斯指出：

* 维持生计基金仍在扩大的重要原因是企业家创造力还没被彻底拖垮。——译者注

“干预主义社会哲学的生存基础，是必须存在一项可资随意榨取而永不枯竭的基金。当这个财源枯竭的时候，干预主义体系即随之崩溃。‘圣诞老人’的那种作法无异于自掘坟墓。”(《人的行动》)

作者　弗兰克·肖斯塔克
(Frank Shostak)
译者　禅心云起
校对　蒲定东

关于“维持生计基金”这一译名的几点说明(代译后记)

一

米塞斯研究院于 2019 年发表的肖斯塔克《维持生计基金是经济增长的核心》一文恰似为《资本与生产》量身定制的引介,我们几个译者可以因此不必再费更多脑筋。尤其是,该文译者采用了“维持生计基金”这个译名,是对我们翻译、校译该书工作的基本肯定。

2019 年的这篇文章其实是 2004 年肖斯塔克发表的“The Subsistence Fund”一文的精要版。蒲定东于 2016 年将其译为《维持基金》,不少译者认为“维持资金”这个译名更妥当,奥地利学派一众票友更是对此译名争执不休,我们在这里做几点说明。

米塞斯在《人的行动》中提及:“干预主义社会哲学的生存基础,是必须存在一项可资随意榨取而永不枯竭的基金。当这个财源枯竭的时候,干预主义体系即随之崩溃。”施特里格尔将 The Subsistence Fund 称作 the pool of funding(基金池),通过这种隐喻,我们更容易理解“枯竭”一词。相比之下,“资金”一词不足以刻画基金的这种永续性。

维持基金的永续性对应迂回生产方式的永续性。因此,有些人将维持基金直接理解为维持更高生产力的迂回生产结构,他们认定,对于现代生产结构和高阶生产过程的无视,才是经济症结所在。然而,倘若人的生存问题不被纳入迂回生产方式的考量,不仅干预主义之恶将不复存在,人类不复存在的末世景象也将是推论之一,而这有悖于本书宗旨。反复比较之后,我们觉得,“维持生计基金”这个译名基本不会带来严重误解。

“维持生计基金”理论连同生产理论、资本理论、利息理论,是奥地利学派经济学中最艰深的部分。我们几位译者学力浅薄,还是尽力从上海财经大学出版社奥地利学派经济学经典译丛的《纯时间偏好利息理论》《资本及其结构》等经典作品中寻求支持。

费特的《利息理论——新与旧》中关于“资本化理论的起源”一节提及财货满足欲望的三种典型模式,让我们可以一窥奥地利学派经济学逻辑体系一致性下的由浅入深。第一阶段,是财货可以立即直接满足欲望的情形,在《资本与生产》中,我们将这种生产方式译为即获生产(momentary production);此处,我们需要一个欲望和可享用财货的理论,以及边际效用的技术分析。第二阶段,是或多或少耐用的财货,或者是可以通过维修被视作耐久的使用品,从而在一个给定的短期内产生一组效用。这里是讨论租金理论之处。第三阶段,在交换两个不在同一时刻的需求满足(租金或一系列租金)时,我们必须把它们折现为现值再做比较。在这里需要一个资本化理论,即经济利息理论。这在历史上和逻辑上都是评估的最后一个阶段,一个发达的货币经济和一个永续的“资本形式生产”的特征。每个对价值的完整分析里都必须观察这三个阶段。

肖斯塔克的《维持生计基金是经济增长的核心》一文也是按这种系统化阐述和逐步推导论证的。施特里格尔的《资本与生产》更是被奉为这种论证的典范。“维持生计基金”被放到第一阶段、第二阶段,读者们不会有歧义。在第三阶段,与“维持生计基金”关联的术语体系更加复杂,一方面,对这一术语的解读必须依赖所有其他关联术语;另一方面,这一术语是否有助于解读它所关联的其他术语还是个疑问。我们认为,“维持生计基金”这一术语具有独立性，一旦将其去除，有的命题便难以成立；这一术语具有完备性和相容性，下文可一窥这种逻辑一致性。

二

在迂回生产方式视野下，永不枯竭的维持生计基金是通过永续的捆绑与释放来刻画的。一个生产问题，若无法直接解决，那就只能迂回解决。在逻辑结构上，这种迂回存在两次**转换**。第一次是维持生计基金**捆绑**到迂回生产方式，第二次是维持生计基金从迂回生产方式中**释放**。这里需要企业家运用聪明才智，从任务完成的多种可能世界中选择**巧妙的组合**，以更少的维持生计基金捆绑，带来更多的维持生计基金释放。

我们经历的商业周期现象是时域中经济上行与下行反复无常振荡，乃至爆发经济危机。我们无法直接在时域上分析其中问题，更谈不上求解这些问题。我们认为施特里格尔迂回地解决了这个问题，他将时域内的问题转换到频域内去分析。在频域内，我们能清晰地分析出生产要素捆绑与释放的频率：

(1) 自由资本——捆绑与释放的频率最高；

(2) 中间产品——捆绑与释放的频率次之(单个生产进程通关后就能得到释放)；

(3) 固定资本——捆绑与释放的频率最低(要在多个生产进程中逐渐被释放)。

我们追求迂回生产方式的更高生产力，但最极端的情形是，由于迂回生产方式的过度延长，可用的维持生计基金被固化到生产结构中，得不到及时释放，最终，整个经济因维持生计基金的枯竭而崩溃。

作者强调的均衡是捆绑与释放通量上的均衡，**捆绑恰好满足释放，而释放恰好满足捆绑**，均匀轮转、生生不息，静态稳定。这种静态均衡要求货币中性。作者进而分析出非中性货币、货币非中性干预、央行额外信贷、央行操控利率对价格体系的破坏，以及由此带来的生产结构的扭曲。

《资本与生产》出版于1934年,早于凯恩斯的《通论》,施特里格尔已然预见奉行凯恩斯主义的罗斯福新政对经济的破坏原因及主要后果。

三

2009年经维希·福尼尔(Vichy Fournier)推介初次接触该书英文版至今,十余年来要感谢的师友很多,包括但不限于熊越、刘组、禅心云起、大雅扶轮、空空追梦、楼伟珊、寻正、黄花非鱼、张是之、张宏斌、陈欲晓、育初教育。

译校团队

2020年4月